HSU 「幸福論」シリーズ⑦

ムハンマドの幸福論

Happiness Theory by Muhammad

大川隆法

Ryuho Okawa

まえがき

幸福の科学大学の設立を構想するにあたって、産みの親である宗教法人で、研究すべき対象となるべき歴史上の人物に関して、事前に、宗教的アプローチによって幸福論のアウトラインを調査しておいた。内部的には公開し、出版もしていたが、文部科学省の公務員や、大学審議会のメンバーには簡単に入手できないため、「幸福論」の概要を知りたいという要請がなされた。

本来極めて重要な文献であって、対外的に一般公開すべき筋合いのものではないが、今回、ソクラテス、キリスト、ヒルティ、アラン、北条政子、孔子、ムハンマド、パウロの幸福論の八巻に分けて、一般書として公開する次第である。

これらは宗教側からのアプローチであるので、各種「幸福論」研究の手がかりとして大学側に提示し、更なる具体的な研究の出発点にするための本である。しかし、分かりやすい幸福論研究の実例としては、参考にするには十分であろう。

二〇一四年　八月十日

幸福《こうふく》の科学《かがく》グループ創始者兼総裁《そうししゃけんそうさい》
幸福《こうふく》の科学大学創立者《かがくだいがくそうりつしゃ》　大川隆法《おおかわりゅうほう》

ムハンマドの幸福論　目次

ムハンマドの幸福論

二〇一二年四月二十二日　ムハンマドの霊示《れいじ》

東京都・幸福の科学　教祖殿《きょうそでん》　大悟館《たいごかん》にて

10 「女性の幸福」に対する考え方 123

「霊言《れいげん》現象」とは、あの世の霊存在の言葉を語り下ろす現象のことをいう。これは高度な悟《さと》りを開いた者に特有のものであり、「霊媒《れいばい》現象」（トランス状態になって意識を失い、霊が一方的にしゃべる現象）とは異なる。外国人霊の霊言の場合には、霊言現象を行う者の言語中枢《ちゅうすう》から、必要な言葉を選び出し、日本語で語ることも可能である。

なお、「霊言」は、あくまでも霊人の意見であり、幸福の科学グループとしての見解と矛盾《むじゅん》する内容を含《ふく》む場合がある点、付記しておきたい。

ムハンマドの幸福論

二〇一二年四月二十二日　ムハンマドの霊示《れいじ》
東京都・幸福の科学 教祖殿《きょうそでん》 大悟館《たいごかん》にて

ムハンマド〔マホメット〕（五七〇ころ〜六三二）

イスラム教の開祖。メッカのクライシュ族の名門ハシム家に生まれ、青年期には隊商をしていた。二十五歳《さい》で裕福《ゆうふく》な未亡人ハディージャと結婚《けっこん》し、四十歳のときにヒラー山の洞窟《どうくつ》でアッラーの啓示《けいじ》を受ける。厳格な一神教を唱え、偶像崇拝《ぐうぞうすうはい》を否定したために迫害《はくがい》を受け、メジナに逃《のが》れる（ヒジュラ）。六三〇年、メッカを占領《せんりょう》し、アラビア半島を統一した。八次元如来界《にょらいかい》の光の大指導霊《だいしどうれい》（『黄金の法』〔幸福の科学出版刊〕第5章参照）。

質問者

大川紫央《おおかわしお》（幸福の科学総裁補佐《ほさ》）〔収録時点・幸福の科学専務理事〕

岩本尚之《いわもとたかゆき》（幸福の科学宗務《しゅうむ》本部担当副理事長）

石川雅士《いしかわまさし》（幸福の科学宗務本部第一秘書局局長代理）

［後者二名の役職は収録時点のもの］

1 「イスラム教の開祖ムハンマド」の真意を探《さぐ》る

日本では「マホメット」として知られている「ムハンマド」

大川隆法 「世界宗教史」の講義をしているような感じで、何とも言えない気分なのですが（笑）、この小さな部屋で行われていることが、これからの世界に大きな影響《えいきょう》を与《あた》えることもあるかもしれないので、そういうつもりでいていただきたいと思います。

これからの、世界の大きな戦争や混乱、あるいは破滅《はめつ》にかかわる原因の部分を、今、調査しているところなので、ささやかな仕事には見えても、場合によっては、意外に大きなことになるかもしれません。

今日のテーマは「ムハンマドの幸福論」です。世界の大宗教の一つ、イスラム教の開祖である、ムハンマドの幸福論を聴《き》いてみようと思っています。

ただ、「ムハンマド」と言うより、「マホメット」と言うほうが、日本人にはよく通じると思います。原語の発音が「ムハンマド」に近いので、最近は、だいたい、「ムハンマド」で統一されてきたのですが、「ムハンマド」と言われてピンとくる人は、たぶん、今の日本人なら三割程度ではないでしょうか。そういう感じがします。

「マホメット」と言われると、七割から八割ぐらいの日本人は、もしかしたら、知っているかもしれませんが、全部ではないでしょう。世界史を勉強したことがあるか、何かのきっかけで名前を聞いたことのある人でないと、知らないと思うのです。

日本では、イスラム教は、まだそれほど広がってはおらず、信者は公称《こうしょう》で五万人程度なので、キリストのほうがよほど知られていると思います。

キリストのほうは九割以上の人に知られているでしょう。

そういうことで、イスラム教は、やや遠い世界ではありますが、今、世界の大きな問題の中心点の一つかと思います。

自らを「最後にして最大の預言者《よげんしゃ》」と位置づけたムハンマド

大川隆法　イスラム教では『コーラン』が教義の中心なのですが、これは他の言語に翻訳《ほんやく》してはいけないことになっています。実際には翻訳されていますが、それは「解釈書《かいしゃくしょ》」ということになるわけです。
『コーラン』は、だいたい、箴言《しんげん》集のような感じのものです。「中公クラシックス」で上下二冊になって出ていますが、合わせて八百ページ程度の分量です。

「これで世界宗教ができた」というのは、驚《おどろ》くべきことではあります。これは、私の著書で言うと、『仏陀再誕《ぶっださいたん》』と『永遠の仏陀』（共に幸福の科学出版刊）、この二冊ぐらいで世界宗教をつくったようなものなので、効率がいいですね（笑）。

それに比べ、当会の霊言《れいげん》はあまりにも数が多いので、やや徒労感《とろうかん》がないわけではないのです。投げすぎたピッチャーのような気分がないわけではなく、「二冊程度で教えが世界中に広がるのなら、悪くないな」という、多少うらやましい気持ちも、ないわけではありません。

ただ、今日は、「ムハンマドの霊言」を降ろそうとしているわけですが、十六億人はいるだろうと言われる、世界のイスラム教徒から見れば、「ムハンマドの霊言が降りる」ということは、おそらく、大変なことであろうと思われます。

ムハンマド自身は、生前、自分のことを、「モーセやイエス・キリストと並ぶ預言者《よげんしゃ》だ」という位置づけで語っていました。

これは、もちろん、ユダヤ教徒から見ても、とんでもない、けしからん話ですし、キリスト教徒から見ても、「イエス・キリストと同列に置くとは何事《なにごと》であるか」ということです。そういう意味では、六世紀から七世紀にかけてのアラビア半島で、大きな宗教的事件が起きたわけです。

否定する向きも多いとは思いますが、その後《ご》の、アラビア半島での文化の興隆《こうりゅう》や、イスラム文化の発展と影響力の大きさから見たら、それがまったくの間違《まちが》いであったとは認めがたくて、やはり、一定の「天からの啓示《けいじ》」を受けて起こされた宗教であったのではないでしょうか。私は、客観的に見て、そう考えています。

ただ、彼らが怒《おこ》るのは、分からないでもありません。

ムハンマドは、生まれたのは西暦《せいれき》五七〇年ぐらいで、メッカ郊外にあるヒラーの丘《おか》の洞窟《どうくつ》で啓示を受けたのは四十歳《さい》ぐらいです。

このときに、彼は自分をモーセやイエス・キリストと同列に置き、そうしたユダヤの預言者の流れに乗った、「最後にして最大の預言者」という位置づけをしたわけです。

当時、ユダヤ教は、もう衰退《すいたい》しつつあったので、それほどの力は持っていなかったと思います。

ただ、キリスト教のほうは勢力をかなり増してきていた時代でした。少し前に、ネストリウス派という、キリスト教の異端《いたん》をやっと片付け、ほっとして間もないころに、ムハンマドが「われこそは」と言って出てきたので、「またか！」という感じだったのでしょう。その大変な気持ちは、分からないでもないのです。

ムハンマドはイエスを「神の独《ひと》り子」とは認めていない

大川隆法　特にキリスト教徒が怒《おこ》ったのは、ムハンマドが、「モーセやイエス・

キリストが仰《あお》いでいる神と同じ神が、私の神である。神は同じなのだ」と言ったことです。

もちろん、これも、先にある宗教からすると、十分に〝不敬罪《ふけいざい》〟に当たりますが、ムハンマドは、さらに、イエスについて、「ユダヤの預言者の流れのなかの一人であり、預言者である」という位置づけをし、彼を、「神の子」「神の独《ひと》り子」と位置づけたり、「神そのもの」とほとんど同格と見なしたりする考えに対しては、否定的な考え方を取ったわけです。

また、やや知識的に不足している面もあるのですが、ムハンマドは「三位一体《さんみいったい》」という説も認めていません。その説は伝わってはきていたのですが、それは、どうも、「父である神」と、「独り子である、息子《むすこ》のイエス」と、「聖母マリア」の三者が一体であるような思想として伝わっていたらしいのです。

ムハンマドは、少なくとも、そのように理解していたようなので、ちょっと奇《き》妙《みょう》な話ですが、そのため、ムハンマドには、三位一体説も一種の多神教的なものに見えたらしいのです。そういうことが分かっています。

もちろん、「聖母マリア」ではなく「聖霊《せいれい》」であり、三位一体は「父」と「子」と「聖霊」が正しいのです。「聖霊」とは天使たちのことです。

ただ、そういう一説があることはあって、ムハンマドは、これをも多神教的に捉《とら》えていた向きがあるのです。

なかでもキリスト教徒を怒《おこ》らせたのは、イエスの神性《しんせい》、神としての性質のところを否定し、人性《じんせい》というか、人間的性質のところで捉えていることです。要するに、「イエスを、預言者として人間と同列に置いた」ということを、かなり怒っているのです。

ムハンマドは、「預言者は神ではない。人間だ」という位置づけをし、自分自身も預言者に位置づけています。「自分は、神でも仏でもなく、あくまでも神の言葉を取り次《つ》ぐ者であり、お取り次ぎ、あるいは神のラッパにしかすぎない」という位置づけを行い、イエスもモーセも、その流れに入《い》れたのです。

これで、キリスト教徒は、かなりカチンと来たわけです。彼らは、「イエスは、そういう預言者と同列ではなく、もっと上だ。『神そのもの』とは言えないけれども、『神の独り子』というか、特別な存在であり、神と一体化されるような存在なのだ」という捉え方をしたために、すごく怒りました。

ダンテの『神曲《しんきょく》』で描かれている「ムハンマドの姿」とは

大川隆法　イスラム教は、瞬《また》く間に広がっていきました。アラビア半島は、当然ながら、イスラム教圏《けん》になっていますけれども、メソポタミア（イラク）のほうから、シリア、エジプト、スペインまで、キリスト教の版図《はんと》がイスラム教圏に引っ繰《く》り返っていったのです。

国をザーッと取られていくので、キリスト教は、これには参ったでしょう。過去においては、そうとう異端と戦い、異端を排除《はいじょ》してきたけれども、このような鮮《あざ》やかさで、あっという間に国を取られていくのは、見たことがないことだったので、キリスト教徒にとっては、ものすごい敵、恐《おそ》るべき強敵が、突如《とつじょ》、現れてきたわけです。

最初は、ムハンマドをばかにし、侮辱《ぶじょく》して、さんざんこき下ろしていたのですけれども、「イスラム教の広がり方というか、その強さに本当に驚いた」というところでしょうか。

そのため、中世のダンテの『神曲《しんきょく》』では、ムハンマドは、「地獄界《じごくかい》の第八層の第九嚢《のう》」という、極《きわ》めて奥《おく》深い地獄に堕《お》とされていて、あごからお尻《しり》の割れ目まで割られ、はらわたが外に出ており、その姿で地獄を這《は》いずり回っているような描き方をされています。

キリスト教徒が、ムハンマドに対して、どれほど憎《にく》しみを持っていたかが、この表現だけを見ても、よく分かります。

また、四代目カリフであるアリーの霊言を、当会では録《と》っていますけれども（『中東で何が起こっているのか』〔幸福の科学出版刊〕参照）、『神曲』には、ムハンマドと同時にアリーまで出てきています。ムハンマドの前を横切っていくのは、なんとアリーなのですが、これもまた、額《ひたい》からあごまで、割られているような感じの、すごい描き方をされています。

ただ、十字軍との戦いで、捕虜《ほりょ》を解放したり、エルサレムへのキリスト教徒の巡礼《じゅんれい》を認めたりしたサラディンは、いちおう哲学《てつがく》者的な扱《あつか》いをされ、ムハンマドよりかなりよい世界に存在を許されているようです。

これには、その当時の感じがよく出ていると思います。それほど、「恐るべき敵だった」ということです。

ムハンマドはアラビア半島に出た「ユダヤの預言者」

大川隆法　キリスト教徒はイスラム教を「悪魔《あくま》の教え」と捉えていたのだろうと思いますし、その見方は、現代まで、そうとう長く伝わってきており、今も、そういうことなのかもしれません。

この「見解の相違《そうい》」のところが、いろいろな戦争の根源になったり、文化摩擦《まさつ》の根源になったりしていると思います。

私は霊言を出しており、それこそ、「モーセの霊言もイエス・キリストの霊言も降ろせば、ムハンマドの霊言も降ろしている」という状態なので、その意味では、別にムハンマドと変わりはないのです。

私は、「最後にして最大の預言者であり、全知全能のアッラーを称《たた》えたムハンマド」のあとに出てきたので、イスラム教徒から見れば、「神の言葉が外れて、最後の預言者がもう一人出てきたのかどうか」という問題もありますし、あるいは、「その預言者よりもさらに上の人が出てきたのか」という、ムハンマドのときと同じ問題が出てくることになると思います。立場的には似たような感じです。イエスの死後、しばらくしてユダヤの国が滅《ほろ》びたので、本当を言えば、ユダヤの預言者としては、イエスが最後かもしれないわけですが、「そのユダヤの預言者が、もう出る所がなくなったので、アラビア半島のほうに出た」ということでしょう。

そのため、メッカとか、メジナなど、サウジアラビアのほうに、そのユダヤの預言者が出てきたというのが、ムハンマドに当たるわけです。ただ、その場所をめぐっては、キリスト教側はなかなか認めがたいものはあったかと思います。

そのような位置づけかと思います。

最初の妻の死後、数多くの妻と結婚《けっこん》したムハンマド

大川隆法　あと、論点としては、「キリスト教との文化摩擦《まさつ》が起きている部分」があります。

もちろん、両者には、教義や文化的伝統習俗《しゅうぞく》においても違いがあると思います。

とても貧しかったムハンマドが、二十五歳のときに、なぜか、「十五歳年上で四十歳の、ハディージャという未亡人に惚《ほ》れられ、結婚《けっこん》する」という幸運を拾うわけです。この人は大金持ちで、メッカ一の大富豪《だいふごう》であり、女社長のような方でした。

そして、幸福な結婚時代を送り、子供も数人、生まれました。この間は一夫一

婦制で、向こうがパトロンのような雰囲気《ふんいき》でムハンマドを養い、囲っていました。また、この奥さんは、イスラム教が起きるときに、「アッラーの啓示」を初めて認めた人でもあります。

そういう意味では、「保護者でもあり、また、イスラム教をつくった協力者でもある」というような状況《じょうきょう》です。

ムハンマド自身は、ヒラーの洞窟で啓示を受けたときには、脂汗《あぶらあせ》をかき、寒気《さむけ》が襲《おそ》ってきて、周囲が真っ暗に見えるような、怖《こわ》い体験をしているので、「これは、悪魔か悪霊《あくりょう》のたぐい、砂漠《さばく》地帯の悪霊のジンではないか」と思い、ガタガタ震《ふる》えて帰ってきました。「ジン」とは、「アラジンと魔法のランプ」に出てくるような怪物《かいぶつ》ですが、あれではないかと考えたわけです。

しかし、「いや、私は、その内容を信じる」というようなことを奥さんが言ったことで、イスラム教は出来上がったのです。

ムハンマドが四十歳のときに、その啓示が降りたので、そのときにはハディージャはもう五十五歳ぐらいになっていたはずです。そのあと、十年弱で彼女は亡《な》くなっています。

それ以降、ムハンマドは、十人か十人以上か知りませんが、多くの人と結婚し、たくさんの奥さんを持ちました。

それまで、ものすごく抑圧《よくあつ》をされていたのか、それとも、愛されすぎていて、もはや出口がない状態であったのか、それは知りませんが、「イスラム教の大パトロンにして、最初の信者であり、立ち上げた仲間である」という人が亡くなったあと、次々と結婚したのです。

彼は、奥さんたちのなかでいちばん年下の、アイーシャという女性を特別にかわいがったようです。

こういうところ（一夫多妻）が、キリスト教ともぶつかる部分だと思います。

これには、かなり偶然性《ぐうぜんせい》もあるかとは思うのですが、逆に必然かもしれません。

もし、ハディージャが長生きをして、ムハンマドと同じころに死んでいれば、イスラム教も「一夫一婦制」というかたちで遺《のこ》っていて、キリスト教から攻撃《こうげき》を受けることはなかったかもしれないのですが、「最初の妻がムハンマドより十年以上早く亡くなった」ということも大きかったと思います。

「軍事政権」と「宗教」の両立がなされているイスラム教

大川隆法　それから、イスラム教を考える際のポイントの一つとして、やはり、「これは、ただの宗教ではない」という面があると思うのです。

それは、「イスラム教には王朝あるいは幕府のようなところがある」ということです。「軍事政権」と「宗教」の両立がなされているので、王朝ないしは幕府を開いて続けているような感じがイスラム教にはあります。

カリフとかスルタンとか、そういうものが出てきていますが、これは王朝や幕府の長《ちょう》に当たるもので、日本の天皇か江戸《えど》幕府の将軍のような感じであるわけです。

ですから、血脈が大事であったところもあるように思われるので、ほかの宗教とは少し違う面があるかもしれません。そういう違いが、いろいろと含《ふく》まれていると思います。

ムハンマド本人に直接訊《き》くのは「希有《けう》なこと」

大川隆法　そういうことを、前置きというか、基礎《きそ》知識として入れておいて、「今、いろいろと論点になっているところを、ムハンマド本人に直接訊《き》いてみる」という、「希有《けう》なこと」を行いたいと思います。

今後、世界的に問題になってきそうなところ、紛争《ふんそう》や誤解のもとになっているようなところについて、彼の真意を質《ただ》し、キリスト教徒にも仏教徒にもイスラム教徒にも、メッセージとして発することができれば幸いです。

もし、単なる見解の相違や解釈の相違、文化的な習俗の違いだけでもって、人々が戦争をしたり、殺し合ったりし、憎しみ合い続けているなら、それはやめるべきであり、諫《いさ》められるべきだと私は思います。

はたして、戦争をしない仏教と正反対のようなイスラムの教えは、キリスト教から言うような、悪魔の教えなのか。あるいは、そうではないのか。このへんのところも、まとめていきたいと思います。これは、十分、学問テーマにもなるものかと思います。

イスラム教の開祖ムハンマドを招霊《しょうれい》する

大川隆法　では、ムハンマドを呼んでみたいと思います。

（大きく息を吐《は》く。瞑目《めいもく》し、胸の前で両腕《りょううで》を交差させる）

イスラム教の開祖にして、アッラーの声を聴きしムハンマドよ。

どうか、幸福の科学 大悟館《たいごかん》にご降臨たまいて、われらに、そのお考え、見解、また、いろいろな疑問に対する答え等を、お教えくださいますよう、お願い申し上げます。

イスラム教開祖ムハンマドの霊《れい》、流れ入《い》る。

ムハンマドの霊、流れ入る。
ムハンマドの霊、流れ入る、流れ入る、流れ入る、流れ入る。
ムハンマドの霊、流れ入る、流れ入る、流れ入る。

（約十秒間の沈黙《ちんもく》）

2 「神への服従」と「主体性」の関係

「今回の霊言《れいげん》収録の趣旨《しゅし》」をムハンマドに説明する

ムハンマド　（手を一回叩《たた》く）ムハンマドです。

岩本　ムハンマド様、本日は、幸福の科学 教祖殿《きょうそでん》 大悟館《たいごかん》にご降臨くださり、まことにありがとうございます。

ムハンマド　うん。この前とは違《ちが》うのかな（注。二〇一一年八月二十三日にも「ムハンマドの霊言《れいげん》」が収録されている。前掲《ぜんけい》『中東で何が起こっているのか』

参照)。

岩本　はい。この前とは違いまして……。

ムハンマド様には、幾度《いくたび》かご降臨いただきまして、ご教示を賜《たまわ》っております。心より感謝申し上げます。

ムハンマド　うん。

岩本　私ども幸福の科学グループでは、「『人間にとっての真の幸福とは何か』ということを探究し、個人の幸福から社会の幸福まで、あるいは宗教・思想から政治・経済に至るまでを、幅《はば》広い観点から研究していく理想の大学として、幸福の科学大学を設立しよう」と考え、今、それに取り組んでおります。

ムハンマド　ふーん。

岩本　そうしたなかで、本日は、信者数が世界で十数億のイスラム教の開祖であられますムハンマド様より、大きなテーマとしましては「幸福論」ということで、いろいろな観点からお話を伺《うかが》えればと存じます。それが真の世界平和への流れにつながっていけば幸いだと考えております。

ムハンマド　うーん。

神と人間との差は大きく、「同等」はありえない

岩本　私のほうからは、最初に、「信仰《しんこう》面」についてのお話を伺いたいと思います。

「イスラーム」という言葉は、もともと、アラビア語で「服従」や「神の意志に従うこと」を意味すると聞いておりますが、一方、人間には、神より「自由意志」が与《あた》えられており、「主体性に伴《ともな》う幸福感」というものがあるかと思います。

「服従」ということと、「主体性に伴う、人間の幸福感」ということ、この両者の関係につきまして、お話を賜れればと思います。

ムハンマド　それ（後者）には、「西洋の近代の考え」がかなり入っているでし

ようがねえ。それは人間が神に成《な》り代《か》わってくる思想かな。それが入っているんだと思うけれども、私の思想は、『旧約聖書《きゅうやくせいしょ》』『新約《しんやく》聖書』を踏《ふ》まえた上でのイスラム教であるんでね。

とりあえず、『旧約聖書』の「創世記」を書いたのはモーセと言われていますけれども、そこでは「神」と「人間」の違いは明らかでして、神は、「天と地を分けられた方。六日で世界を創られて、七日目に休みを取られた方」というような描き方をされています。

もちろん、これには象徴《しょうちょう》的な面もあるかと思います。私も、六日で世界を創れるとは思わないので、象徴的なものだとは思うけれども、「神が、世界を創られて、万物《ばんぶつ》を創られた」というのであれば、「神と人間とが同等」ということは、やっぱりありえないことです。

「人間の間《あいだ》にも違いはあるけれども、その差は小さいものと考えられるが、神と人間との間には、ものすごい差があるべきである」ということですね。

その意味で、神の「絶対性」と「至高性」というものを非常に強く表現すると、どうしても、神の前では、人間は、やはり己《おのれ》を低くして存在せねばならないのではないでしょうか。

もちろん、各人に違いはあるかもしれないし、金持ちも、そうでない人もいる。地位のある人も、ない人もいる。国王や大臣から一般庶民《いっぱんしょみん》まで、差はあるかもしれないけれども、「唯一《ゆいいつ》なる神」の前では、みんな、頭《あたま》、頭《こうべ》を垂《た》れ、己を低うく低うく低うくして、ひれ伏《ふ》す。これは、あなたが言う「服従」の姿だねえ。

服従の姿を取ることによって、みんなが平等であるというか、「人間は神の前に平等である」ということを示しているわけだね。

確かに考え方はいろいろありますが、「唯一の神」に、みんなが服従し、神の前で、礼儀作法《れいぎさほう》を守って拝跪《はいき》するというか、跪《ひざまず》く姿というものから考えれば、

「自由」というものは、どうだろうね。

その「自由」も、「人間が神に成り代わる自由」ということであって、それは、西洋の近代の哲学《てつがく》の考え方だろうけれども、知識が増えてきたから、そう思うようになった人もいる。さらには、それが度を越《こ》して、「神は、人間がつくったものだ。人間の創造物だ」と言い出すところまで、十九世紀、二十世紀は、き始《はじ》めたわね。

だから、やや慢心《まんしん》してきている。

そのような思想が蔓延《まんえん》し、その思想の持ち主が「知識人」となり、「教育者」となり、人々を指導するようになったら、やはり、何らかの反作用として、「神の怒《いか》り」が臨《のぞ》むであろうと思います。

だから、私の側《がわ》としては、そういう「神を畏《おそ》れぬ行為《こうい》」を戒《いまし》め、人々を自然の姿に戻《もど》すためにも、イスラム教を世界的に広げていくことが大事なんじゃないかと思う。

イエスは自分を「天なる神の道具」であると認めている

ムハンマド　キリスト教には、やはり、少し「甘《あま》さ」があるような気がするんだな。

イエスは、最後には、あのようなかたち、要するに、この世的には、「人間の手にかかって殺される」という姿を取った。

「彼は偉大《いだい》な預言者《よげんしゃ》である」ということは、もちろん、私も認めておりますけれども、少なくとも。

彼は、「自分自身の権威《けんい》」によらずして、「神の権威」で、いろいろな業《わざ》を起こしました。病気治しもそうですし、言葉を語るときにも、「私が語るのではなく、天なる父が私を通して語っている」ということを言っておりますので、彼は、やっぱり、「天なる神のツール、道具」であったことは否《いな》めないし、それを自分で認めていますね。

キリスト教徒は、イエスを偉《えら》くしようとして、一生懸命《いっしょうけんめい》、「神の独《ひと》り子」にしたり、「神そのもの」に持ち上げようとしたりしているけれども、「キリストの言葉自体」によって、そうではないことが明らかになっているわね。

そういうことで、人間によって滅《ほろ》ぼされた「神」は実際に存在したわけですよ、二千年前にね。あるいは、「神の独り子」と彼らが言う者が、人間によって滅ぼされた。私から見れば、「預言者の一人」ですけれども、それが人間によって滅ぼされたわけです。

「最後にして最大の預言者《よげんしゃ》」という言葉が表しているもの

ムハンマド　ところが、私のほうは、人間によって滅ぼされてはいません。私に従《したが》わない人々、要するに、雑教《ざっきょう》といいますか、いろいろなものが混じり合っていて、まだ整理されていない、「前近代的な宗教である多神教」を信じ、偶像崇拝《ぐうぞうすうはい》するクライシュ族に対して、「近代的な一神教」を開いたわけですね。

戦いも起きましたけれども、その戦いに勝利し、教えにおいても勝利して、彼らを呑《の》み込《こ》んでいきました。

その意味において、イエスの最期《さいご》に比べれば、「完成者たるにふさわしい」と言えるのではないかと思う。

だから、「最後にして最大の預言者《よげんしゃ》かどうか」というようなところはあるかと思いますが、それでも、「神の僕《しもべ》であり、一預言者であって、自らは神ではない」ということであり、これは、仏教的に言えば、「仏ではない」という位置づけです。

自らが人間であることを認め、「神の使徒である」という立場だけど、「最後にして最大の預言者」という位置づけでもあり、それは「謙虚《けんきょ》さ」と「神の偉大さ」を同時に表していると考えられます。

その意味では、イスラム教は、やはり、「世界宗教」にふさわしいんじゃないかなあ。

岩本　はい。ありがとうございます。「信仰の絶対優位」という点で、たいへん参考になりました。

3 「平等性」と「進歩の原理」の関係

西洋型の近代化には「よい面」と「悪い面」がある

岩本　イスラム教には、「アッラーの名の下《もと》に、人類はみな平等である」という考えがありますが、現代においては、イスラム教世界の近代化が、いまひとつかんばしくない面があると思います。「強い平等性」と「社会の進歩」の関係、「平等性」と「進歩の原理」の関係について、ムハンマド様のご見解を伺《うかが》えればと思います。

ムハンマド　「平等性」はいいと思いますけどね。

確かに、戒律的《かいりつ》なものがかなり厳しく遺《のこ》ってはいるので、その意味では、時代の変化に合わせて変わっていくようなことは、できないでいる。

あなたがたで言えば、侍《さむらい》の世の中から変え、「明治維新《いしん》」という、西洋型の合理化のようなことをやったわけでしょう？　頭に結《ゆ》っていた、ちょんまげを切って、散切《ざんぎ》り頭に変えたんだけど、当時の人からすれば、これはとても恥《は》ずかしいことだっただろうと思いますがね。

女性だって、髪《かみ》を結っていたのをやめて、西洋型に短く切ったんでしょうから、とても恥ずかしかっただろうと思いますが、それをあえてやったんでしょう。

そういうところで、今、イスラム教も、まだ引っ掛《か》かっていると言えば、引っ掛かっているのかなとは思います。

「伝統」というものは、何かで一部を崩《くず》すと、全部が崩れていくこともある。『コーラン』自体は、それほど膨大《ぼうだい》なものではありませんので、たいていは、私の言行録というか、「どういう行動をし、どういうものをよしとしたか」というような一個一個の判断や行動規範《きはん》のようなものが、イスラムの底には流れているので、いろいろなことを勝手にやられると困るわけです。

例えば、メッカの方向に向かって、みんなで祈《いの》り、礼拝《れいはい》することだって、「メッカじゃなくてもいい。私は南極に向かって祈る」とか、「北極に向かって祈る」とか、勝手にいろいろとやられ始めると、やっぱり乱れてくるので、「世界にいるイスラム教徒たちは、みんな、メッカの方向に向かって祈る」ということにし、それで神への求心性を高めているところはあるわね。

だから、変えたほうがいいものもあるとは思うけど、それによって失われるものも出てくる。

日本では、明治以降、西洋型の近代化をしたことによって、「侍《さむらい》精神」が失われていったところがあるし、「日本的美徳」もかなり捨てたところはあると思いますね。

西洋型の近代化で、よくなった面のほうが多いから、みんな肯定《こうてい》はしているんでしょうけど、悪くなるものもあるし、場合によっては滅《ほろ》ぼされてしまうこともあるからね。「自分たちの神や宗教」を捨てて、滅びてしまうものもあります。アメリカ・インディアンもそうかもしれないし、中南米のインディアンもそうかもしれないね。

だから、それについては考え方に違《ちが》いがあると思います。

でも、そうは言っても、（イスラム教国も）ビジネスの世界では、やっぱり、ある程度の国際化は進みつつあるのではないかなあ。そういう意味では、中国と似たところがあるのかもしれないけどね。

国ごとの変化は「多様性」として受け入れなくてはならない

ムハンマド　ただ、「いろいろな国が、いろいろなレベルで変化している」ということ自体は、ある意味での「多様性」として、受け入れなくてはいけないところがあるんじゃないかな。

外国人には、イスラム教徒の女性が黒いベールを被《かぶ》っている姿はおかしく見えるけど、日本の中学生や高校生は、詰《つ》め襟《えり》の学生服を着ているため、欧米《おうべい》人から見れば軍隊のようで、「あれはおかしい。奴隷《どれい》だ」と言われたりしている。

これには文化の問題があるわね。みんな同じだから、差がなくて、家の違いが出なかったり、おしゃれに気を使わずに勉強できたりするところもあるわけでしょう？　だから、そのへんだね。

今は、（着ている背広を指して）このような背広を着て、ネクタイをし、西洋風の姿をしているけど、このスタイルで、例えば江戸《えど》時代の日本に現れたら、笑われたに違いありません。「首から変なものをぶら下げている」と言って、ゲラゲラみんなで笑ったのは間違いないのです。

風習には、そういうところがあるので、たまたま、その文化が強い力を持っているときには、それが一般《いっぱん》的であっても、廃《すた》れていくと、人々から捨てられていくものです。

中国の髪型だって、（右手を頭の上に掲《かか》げて）こう頭を高くするものもあったし、それが日本に移ってきて、いわゆる「ちょんまげ」に変化したんでしょうけど、習慣だから、難しいわね。

日本人から、事実上、着物をなくしてしまって、お祝い事のとき以外には着ないんだろうけれども、これだって、「よかったか、悪かったか」、何とも言えない面はあるわね。

機動性が低いから洋服に替《か》わってきたんでしょうけど、「日本の美の一つが失われた」と見えるわね。

だから、「地球中《ちきゅうじゅう》で誰《だれ》もがまったく同じ格好をしなくてはいけない」というように考えるのが、はたして正しいかどうかは分からない。

「弱肉強食」の世界は、どうすれば収まっていくか

岩本　イスラム教世界では、今後、日本における明治維新のような、抜本《ばっぽん》的なイノベーションのご計画はあるのでしょうか。差し支《つか》えない範囲で教えていただければ……。

ムハンマド　いや、近代の、同じぐらいの時期にも、いろいろと試みはあったのではないかと思うんですけど、「あまり成功しなかった」ということと、文明の高みが、やっぱり移動していくところがあるのでね。

中世は、イスラムが非常に盛り上がった時期であったので、近代以降は、やや下《くだ》りに入っていることは事実だね。

そして、ほかのところが盛り上がってきた。キリスト教は、中世では下《さ》がったけど、もう一回、盛り上がってきているし、日本も上がってきているし、それから、アメリカが急に出てきたりした。

そのような「神仕組《かみしく》み」のところについては、かなり難しくて、分かりませんけれども。そういう流れ、文明としての浮《う》き沈《しず》みがあるので、何とも言えないんですけどねえ。

でも、いずれ行き詰まったら、改革は出てくるとは思いますけどね。

イスラム教だって、十億人を超《こ》えて、今もまだ広がっているわけだから、人気がないわけじゃない。「そのなかによさを感じている人もいる」ということだろうね。

あなたが言う「自由の世界」の問題点の大多数は、「平等性が失われ、『弱肉強食』の世界が出来上がっている」ということだよね。

この「弱肉強食」の世界は、「唯一《ゆいいつ》の神、絶対的な神の下《もと》の平等、あるいは服従」というようなことを強調すれば、収まっていくというか、縮まっていくものではある。

だから、（イスラム教が）「増えている」ということは、「人気がある」ということでもある。キリスト教もそうかもしれないけれども、「自由」を求めて広がっているところと、「平等」「服従」のほうを求めて広がっているところと、両方があるのだから、これは、人間にとって大事な原理の一つなのかなとは思うね。

ただ、「どちらのほうが信仰《しんこう》が立ちやすいか」ということを言えば、やっぱり、「神と人間とは分け隔《へだ》てられたもの」と考えるほうが信仰は成り立ちやすく、神と人間とがあまり近すぎるのはよろしくないと私は考えますけどね。

イスラム教が「偶像崇拝《ぐうぞうすうはい》」を否定する理由

ムハンマド　「偶像崇拝《ぐうぞうすうはい》の否定」のようなことはモーセも言っているから、別に新しいわけじゃないんだけれども、イスラム教では、それが少し激しすぎて、歴史的には、いろいろなところに迷惑《めいわく》をかけたかもしれない。

ただ、神のようなものを、人間の姿をした立体で表したりすると、要するに、イスラム教徒には、神を貶《おとし》めているように見えるわけですよ。神を人間のレベルまで落としたように見えるので、「そういうものは、ないほうがいい」と考えてしまうわけです。

これには異論があって当然ですけどね。

岩本　はい。ありがとうございます。

4 「宗教の寛容性《かんようせい》」をどう考えるか

「寛容《かんよう》なもの」は「寛容でないもの」に負けてしまうところがある

岩本　次に、「宗教の寛容性《かんようせい》」という点で、お伺《うかが》いしたいと思います。ムハンマド様ご自身は、イエス様やモーセ様を認めておられました。

ムハンマド　うんうん。そう。

岩本　また、『コーラン』には、宗教を無理強《じ》いしてはいけないとしたり、民族の多様性を認めたりしているようなところもございます。

ですから、「イスラム教の原点においては寛容性があったのではないか」と感じます。ただ、歴史上、いろいろな所で争いが起き、今も中東は深刻な問題を抱《かか》えています。

そのへんの経緯《けいい》というか、ムハンマド様のご見解を、お聴《き》かせいただければと思います。

ムハンマド　だから、「寛容でないものを相手にすると、寛容でいたら負けてしまう」というところもあるのでね。

（イスラム教は）教えとしては寛容であったんだけど、こちらが寛容でいても、向こうが寛容でないと、そういうものに猛攻《もうこう》をかけられ、寛容なほうがあっさり負けてしまうところがあるので、変質することがどうしてもあるわねえ。

こちらは、「いいですよ。おたくは正しいですよ」と言っているのに、向こうは、「おまえのところは悪魔《あくま》の教えだ」と言って、どんどん攻《せ》め込《こ》んでくる。これには、たまったものではないところが、やっぱりあるわねえ。

だから、そのへんは難しいところだね。

後発のものは、だいたい、寛容でなくてはいけないか、あるいは、前にあるものを全面否定するか、どちらかなんですよねえ。

キリスト教徒には、「イエスを否定するのなら、その全部を否定しろ。それなら全面戦争であり、はっきりしてよい」と考えるところがあるんだけれども、私は、「イエスを預言者《よげんしゃ》としては認める。『旧約聖書《きゅうやくせいしょ》』に数多く出てくる預言者の一人としては認めよう」と言ったわけです。

だけど、「人類創成の神に独《ひと》り子がいる」ということは、「奥《おく》さんもいて、子供が生まれる」ということですから、「神が家族を持っている」というような感じになってくると、「神を貶《おとし》めるかたちになる」ということで、「それはないでしょう。イエスは、あくまでも人間でしょう」ということを言いました。

ただ、この言い方が、中途半端《ちゅうとはんぱ》で煮《に》え切らないものだったので、キリスト教徒は、余計、腹立ちを起こしたようではあるんだけどねえ。

われわれは寛容ではあると思うんですよ。キリスト教をも認めたから。少なくとも私は認めたし、「キリスト教徒のままでも構わない」とは言っているんですよ。ただ、「税金を払《はら》ってね」とは言いましたが。

「キリスト教徒は、税金を払えば、キリスト教徒でいられるし、イスラム教徒に改宗すれば、税金を免除《めんじょ》される」。まあ、これは、利益誘導《りえきゆうどう》といえば利益誘導ですが（笑）、それをしました。

このくらいだったら、あなたがたもやりたいでしょうね。「今の宗教のままで構わないんですよ。でも、改宗したら、税金を安くしますよ」と言われたら、やっぱり、改宗したくなってくるじゃないですか。

それは利益誘導ですが、私も、どちらかといえば商人階級だから、そのへんでは頭が回転するので、そういうことをしましたけどね。税金には差がありましたけれども、「（キリスト教やユダヤ教の）信仰《しんこう》を持ちたいのなら、それを否定まではしませんよ」ということだったのです。

だから、「異端《いたん》だ」と言って殺したりするようなものではなかったんですがね。むしろ、キリスト教やユダヤ教のほうが、異端を殺すことが多かったんじゃないかと思う。火あぶりにしたりするのは、どちらかといえば、あちらが激しいですよね。

一定の立場を固めると、臨機応変《りんきおうへん》な態度が取れなくなる

ムハンマド　「寛容さ」をめぐっては、微妙《びみょう》なところがあって……。何か一定の

立場を固めてしまうと、それこそ、臨機応変《りんきおうへん》な、自由な態度が取れなくなるので、場合によっては隙《すき》をつくることもありえます。

今は、ヨーロッパのほうにイスラム教徒が入れば、その女性のベールを剝《は》がすところから入っていき、これが黒いものからカラフルなものになって、だんだん顔が出てきているけど、これを許しているうちに、どこまで行くでしょうかね。

現代的に言えば、笑いものになっているんだろうけど、「水着コンテストに出たイスラム教徒の女性は許さん」とか、そういうこともあって、「どこまで剝いでいけばよいか」という問題には、やっぱり、どこかで一線が出てくるものもある。

全部脱《ぬ》いでしまうキリスト教徒は、それを「後《おく》れている」と見るのかもしれないけれども、キリスト教徒だって、尼僧《にそう》が水着姿で出歩き、写真に載《の》るのを許さないでしょう。それはそうでしょう。俗人《ぞくじん》なら許すのでしょうけれども。

イスラム教徒の信仰は深いから、一般《いっぱん》の人だって、「神に対する信仰」をかなり深く持っているため、そういうことを言われるわけでしてね。

そのへんには程度の問題はあるけれども、「自由」という名の〝なし崩《くず》し〟も、やっぱり怖《こわ》いのでね。

イスラム教は、ほかの宗教を受け入れているので、基本スタンスは「寛容」なんだけど、それでも、ほかの宗教から攻撃《こうげき》はされる。

だから、あなたがた幸福の科学も、寛容に広げているつもりでも、「ほかから勝手に攻撃される」ということは当然あるわけです。ユダヤ教が出てくるかどうか知りませんが、イスラム教もキリスト教も、あるいは、ほかの宗教も、みんな攻撃してくることは、当然、ありますよね。

そのとき、どうするか。向こうに対し、「自由に攻撃してください。うちは平気です。どうぞ、幾《いく》らでもやってください」と言っていられるかどうか。亀《かめ》のような格好をして甲羅《こうら》のなかに入れるような宗教なら、それでも大丈夫《だいじょうぶ》だと思うけど、そうでなければ、やっぱり、たまらなくなってきて、石を投げられたら投げ返すようになってくることもあるわね。

「幸福の科学は、寛容《かんよう》だが、しっかりと戦っている」

岩本　当教団も、ある意味では、「イスラム教が、当時、置かれていた状況《じょうきょう》」と似ているのではないかと思います。

ムハンマド　そう言ったって……。寛容《かんよう》だけど、ちゃんと戦うよ、おたくも。

岩本　ええ。

ムハンマド　ちゃんと戦っているもの、いつも。

岩本　（笑）

ムハンマド　異論に対しては、バーンと反論して……。だから、それは一緒《いっしょ》。

岩本　ただ、当会は言論で……。

ムハンマド　一緒よ、一緒。そう言ったって、そんなに変わらないよ。

岩本　原点には寛容性を持ち、血なまぐさいかたちにならないよう、平和的な手段、言論で戦っています。

ムハンマド　言論で、「（日本が）核《かく》兵器、ミサイルをつくってもいいんじゃないか」とか言い出しているでしょう？

岩本　ええ。

ムハンマド　その言論が行動に移るのは、時間の問題であることがあるからね。

岩本　ただ、「言論が暴動につながらないようにするためにも、教団としては、この世的な力というか、政治力を持つことによって、そういうところも含《ふく》めてコントロールしなければいけないのではないか」と思うのです。

ムハンマド　でも、それは難しいんだよ。今は、わりあい日本は平和の世だから、そういう教えが説けるけど、戦乱の世が始まったら、同じままでいると、要するに滅《ほろ》びてしまうことがあるわけで……。

岩本　そうですね。

ムハンマド　戦乱の世になったら、やっぱり、幸福の科学の宗教改革者が出てこなければ、生き延びれないことだってあるわけだからね。それは難しいよ。

岩本　ありがとうございます。

5　中世において「イスラム世界」が繁栄《はんえい》した理由

当時のイスラム圏《けん》には力のある人が数多く生まれていた

岩本　私からの最後の質問をさせていただきます。

イスラム圏《けん》は、中世においては、ヨーロッパをはるかにしのぐ先進地域でございました。バグダッドやカイロは、当時の「学問」や「経済繁栄《はんえい》」の中心となって栄えておりました。

また、イスラム教では、ムハンマド様の〝片腕《かたうで》〟ともいわれた、第四代カリフのアリー様が出られましたし、さらに、イスラム神秘主義である「スーフィズム」においては、ヘルメス神よりのご指導があったと伺《うかが》っております。

今後、当会がイスラム圏を伝道していく上でも、そのイスラム圏の研究も幸福の科学大学で行《おこな》っていきたいと思っております。

そこで、中世において「イスラム世界」が繁栄した理由について、その背景や、「天上界《てんじょうかい》の計画があったのか」「何か宇宙からの助力があったのか」ということなど、そのへんの秘密等をお教えいただければと思います。

ムハンマド　うーん。キリスト教では中世が「暗黒の時代」であったのは事実だし、日本では、イスラム教が繁栄したころには、けっこう「戦乱の世」が長かったのかな。

平安時代の「平和な時代」が終わって、そのあと、「戦乱の世」に突入《とつにゅう》していったのかな。そんななかで仏教が広がったりしたのかもしれないけどね。

でも、中東の地域というのは、昔から宗教がよく起きる所であるので、（日本で言うなら）けっこう〝宗教銀座《ぎんざ》〟なんですよ。

だから、昔、宗教をやったような人は、天上界で退屈《たいくつ》すると、やっぱり生まれてくるので（笑）、次々とたくさん宗教が出てきたり、宗教の関係者が生まれてきたりすることはあるのよね。

その地域が、今、あなたがたの目には、同時代のなかで、やや後《おく》れているように見えているからねえ。それが残念なところではあるんだけれども。

日本には、優《すぐ》れているところはあると思うけど、日本も、いつもそう優れていたわけじゃない。

日本も、過去には、海賊《かいぞく》の仲間のように思われていた時代だってあったはずですからね。

そういうことは時代によってあるわねえ。

そのころの中東については、「天上界のなかで、かなり大きなシェアを持っていた」と言うべきで、「力のある人が数多く地上に生まれていた」ということかと思います。

それ以前には、中国にも人材がたくさん出ていたけど、イスラム教が流行《はや》るころからあとは、中国に人材があまり出なくなっていくんですよね。

中国では、唐《とう》の時代ぐらいまでは人材がたくさん出ていますけど、中世に入ってくると人材がスーッと薄《うす》くなってくるんだね。

それで今度は、イスラムのほうに、たくさん人が出ている。そういう感じがあるわけで、やっぱり、「流行り廃《すた》り」は、ある程度、あるんじゃないかな。

人は、やっぱり、面白《おもしろ》みのある人生を送れるところに出たがりますのでね。

だから、きっと、あなたがたの教団のなかにも、かつてイスラム教で活躍《かつやく》された方も数多くいらっしゃるのだと思いますが、「イスラム教徒の有名人の名前を知らないために分からない」というのが現状じゃないですか。

岩本　そうですね。

「神」と「人間」に「宇宙」が加わると、話がややこしくなる

岩本　「宇宙とのかかわり」は何かありますか。

ムハンマド　あ、宇宙ね。「宇宙とのかかわり」ねえ。

天文学なども流行ってはいたので、いや、けっこう科学全般《ぜんぱん》が進んでいた。「数学」、「建築学」、「天文学」、その他、科学全体が進んでいたので、そういう意味では、影響《えいきょう》がなかったわけではないのかもしれないんだけど、われわれの時代では、ちょっと分かりかねるものはありましたね。

もしかしたら、影響はあったのかもしれないのですが、われわれの時代では分かりかねるところがあって、「イスラム教と宇宙の関係まで、ずばり行けるかどうか」と言われると、何とも言えないところがある。

あなたがたの教えから言えば、「おそらくは、いろいろと影響は古代からあったのかもしれない」とは思うんですけれども、地上の人間としては、そこまでは認識がなかった。

また、宇宙のところで、宇宙の進んだ人々とのかかわりを言うと、神との関係の問題が難しくなってくる。

「唯一《ゆいいつ》の、絶対の神」対「人間」という関係に、もう一つ、「宇宙」が入ってくると、これまた話としては少しややこしくなり、イスラム教に、場合によっては崩壊《ほうかい》の危機が訪《おとず》れるので、〝変な教え〟をあまり入れるわけにはいかないと思っていますけどね。

岩本　分かりました。本当にありがとうございました。
それでは、質問者を替《か》わらせていただきます。

6 「神への愛」と「隣人愛《りんじんあい》」の捉《とら》え方

「神を愛する」という言葉に抵抗《ていこう》感を持つムハンマド

石川　ムハンマド様、ありがとうございます。

私のほうからは、まず、「隣人愛《りんじんあい》」に対する考え方について、お伺《うかが》いしたいと思います。

キリスト教におきましては、「『神への愛』と『隣人への愛』とが等《ひと》しく重要である」と言われるわけですが、イスラム教では、あまり、そうしたことは説かれません。

例えば、国際ビジネスをしていく際、イスラムの人は、あまり「ありがとう」

と人に言わないとか、〝縦《たて》〟の契約《けいやく》というか、「神への契約」は守るかもしれませんが、「人との契約」はあまり守らないとか、そういう面があって、「それがビジネスの発展を遅《おく》らせている」という感覚もあるのです。

ムハンマド　厳しいね。

石川　（笑）「隣人愛」に対する、ムハンマド様の考え方を教えていただければ幸いです。

ムハンマド　まず、「神を愛する」という言い方は、私には少し抵抗《ていこう》があるんですよね。まるで神が奥《おく》さんか何かのように聞こえるじゃないですか。そんなものではないんじゃないでしょうかね。

神は「絶対のもの」なので、人間にとっては、「神を愛する」ということじゃなくて、やっぱり、「神からの慈悲《じひ》が下りてくる」ということになるね。それくらい差がある。

だから、本当のことを言えば、「太陽」対「地球」ぐらいの差だね。

地球から離《はな》れているから、太陽は小さく見えているけれども、一方的に太陽の熱や光が地球に注ぎ、それで万物《ばんぶつ》が生きているんでしょう？　植物が育ち、それを餌《えさ》にして動物も育ち、人間も生きている。だから、太陽から恩恵《おんけい》は受けているよね。

神と人間の関係は、この「太陽」対「地球」のような関係です。

地球が太陽に何らかの影響《えいきょう》を与《あた》えているかというと、少しは与えているかもしれませんが、地球は、「太陽の光を、多少吸い込《こ》んでいて、遮《さえぎ》っている」というような状態です。

もしかしたら、太陽と惑星《わくせい》は〝親子〟のような関係であり、「親子愛」のようなものがあるのかもしれません。太陽の周りを惑星がグルグル回っているので、太陽は、惑星に対し、子供を愛しているような気持ちでいて、惑星には、太陽に対し、子の「親に対する親しみ」のようなものがあるのかもしれません。

私は、「神」対「人間」の関係について、「神と人間には絶対的な差がある」という考えなので、基本的には、「慈悲深く慈愛あまねきアッラー」であって、神から慈悲が一方的に下《くだ》されるものであり、人間からは、「神を崇《あが》め奉《たてまつ》る」というか、「神を仰《あお》ぐ」というかたちになる。

キリスト教的には、「神への愛」と言うし、ギリシャでも言うけれども、そのような言い方には、もうすでに「傲慢《ごうまん》の芽」が芽生《めば》えているような感じがしないわけではないですね。

ムハンマドは「隣人愛《りんじんあい》」として「一夫多妻」を実践《じっせん》した

ムハンマド　それから、「隣人愛《りんじんあい》」について言うと、私は、それを実践《じっせん》しましたよ。確かに、人間同士の愛は大いに奨励《しょうれい》されるべきものでありますので、「愛《いと》しい者を愛する」ということを、一生懸命《いっしょうけんめい》、奨励しました。

特に、イスラム教の「一夫多妻制」は誤解されやすく、「悪魔《あくま》の教えではないか」と思われて、キリスト教やユダヤ教から、よく攻撃《こうげき》されるんだけれども、メジナに本拠《ほんきょ》を移し、メッカ軍と戦い、十倍の敵、あるいは三倍の敵と戦ったりしていたために、若者がたくさん死んだのでねえ。

そのため、寡婦《かふ》、要するに、やもめがたくさんできてしまったんでね。だから、そのままだと、飢《う》え死にしてしまう。砂漠《さばく》の地では、「女性だけ」とか「女性と子供だけ」とかいうのは死を意味する。男が護《まも》らなければ死ぬことを、それは意味しているのです。

だから、大量のやもめが出ましたので、「力ある者、経済的に余力のある者は、引き受けてよろしい」ということで、結婚《けっこん》を勧《すす》めたわけです。

社会福祉《ふくし》の問題で、今、日本も悩《なや》んでいらっしゃるんだろうと思うけれども、それは一緒《いっしょ》ですよ。

だから、「力ある者、経済的に豊かな者は、ほかの人の面倒《めんどう》を見てやったらいい」という考えです。

今は税金で面倒を見ていて、それが累進《るいしん》課税の問題などになったりしているのかもしれないけれども、当時は、そういう考えがなかったものだから、「家族のなかへ組み入れて、面倒を見る」というかたちにしたんですね。

あなたがた（日本人）だって、昔、古い時代には、「一族のなかで出世した人がいたら、親戚《しんせき》一同が寄り集まって、そこで食べていく」というようなことが、たくさんあったんでしょう？

そのようなことであり、社会福祉も一部には入っているので、私には、「ほかの人の面倒を見ることが悪だ」とは考えられないし、女性たちが「護られるべき存在」であったことは事実であるのでね。

ただ、そういう女性ばかりではないよ。ハディージャのように、自分が商人の長《ちょう》のような人もいたからね。当時は、そういう女社長風の人もいて、才能さえあれば、そういう人もありえたので、全部が全部ではありませんが、世の一般《いっぱん》的な比率では、そういうことだったかとは思いますね。

だから、「隣人愛」は別に妨《さまた》げていません。

イスラム教徒の庶民《しょみん》の実態は「一夫一婦制」に近い

ムハンマド　ただ、これは法律の問題になると思うけれども、「所有権の概念《がいねん》が、どこまで及《およ》ぶか」が問題だよね。「自分の庇護《ひご》している者に対しては、一定の支配権が及ばなければいけない」という、そのへんのところで、他人との間《あいだ》に垣根《かきね》が生まれたことはあるからね。

すみませんが、あなたがたから見れば、不謹慎《ふきんしん》にも私には十人以上も妻がいたことになっていますし、「寛容《かんよう》にして慈悲深くあられるアッラー」のまねをして、弟子《でし》たちにも四人までは妻を認めたことになっています。

しかし、現実には、庶民《しょみん》の場合、「一夫一婦制」に近いのが実態です。それほど経済的に余裕《よゆう》がないので、たくさんの女性を侍《はべ》らせることができる庶民が大勢いるわけはなく、庶民は実際には一夫一婦制に近いのです。

「一夫多妻で、四人まで妻を持ってもよい」といっても、これは、欧米圏《おうべいけん》や日本で言えば、大金持ちが持っている愛人《あいじん》の人数ぐらいだと思うし、昔で言えば、君主や天皇、大名《だいみょう》などのところに側室《そくしつ》がいたぐらいのものだと思う。

（日本での）大奥のようなものは想像を絶するので、私には分かりません。『アラビアン・ナイト』の世界には、そういうものもあるのかもしれないし、それだけの富があれば、そういうこともありうるかもしれませんが、普通《ふつう》は、そんなに極端《きょくたん》な大金持ちは、それほど出ないので、限られていたと思いますけどね。

今も昔も、お金のあるところには女性が寄ってくるものでありますが、それは、「養われたい」という本能からすると、当たり前のことですね。

一方、お金がなくて女性を養えない男性もいます。仮に、生物体として男女が同数生まれたとしても、養えない男性がいて、片方に、養われたい女性がいる場合には、流れとして、一夫多妻が生じます。

それに対して、「どんな条件であろうと、一夫一婦でなくてはいかん」というような強制力をかけていけば、この平等には別な意味での「悪平等」にもなりかねないところがあります。

ただ、「隣人愛」と言えるかどうかは知らないけれども、そういう一夫多妻の夫婦《ふうふ》関係も、もちろん、愛情があることを前提にしてのことであり、「行きずりの色情魔《しきじょうま》」のような言い方をされると、イスラム教徒にとっては不本意です。あくまでも、「愛情がある」ということが前提です。

さらに、「経済的に保障できる」というか、「食べさせていける」ということも、やっぱり前提なのです。

また、妻を複数もらう場合には、いちおう、「すべての妻に平等に接する」ということが努力目標です。これは、厳しい努力目標ではあり、実際にはなかなかできないことですけれども、「他の妻にばれてしまった場合には、同じだけ、いろいろなものを他の妻にも分けてやらねばならない」というようなことはあります。

いや、これも、けっこうな修行《しゅぎょう》なんですよ。

イスラム教には「離婚《りこん》」に配慮《はいりょ》した規定がある

ムハンマド　キリスト教徒的に一夫一婦制もいいんですけど、「当たり外《はず》れ」が、けっこう多いからね（会場笑）。結婚《けっこん》式のとき、神の前で、「死が二人を分かつまで一緒にいます」と誓《ちか》うのに、よく別れるじゃないですか。

だから、あれは単に、「当たり外れがある」ということですよ。当たり外れがあるから、離婚《りこん》・再婚を繰《く》り返しやっているけど、「この制度は、本当に、システム的に、人類学的に正しいのかどうか」ということには、疑問の余地がないとは言えない。

若いうちの結婚相手選びが間違《まちが》っていることだって、やっぱりありますのでね。あと、途中《とちゅう》で事情が変化し、うまくいかなくなることだってある。

そのときに、一方的に離別していいのかどうか。してもいいかもしれないけれども、経済的に余裕があれば、「そのときに必要な別の人と結婚し、前の人の面倒も見る」ということで別に構わないのです。

私のほうは、そういう考えなんですよね。

『コーラン』では、離婚を認めてはいますけれども、イスラム教においては、「離婚したあと、一定期間以内に思い直したときには、元に戻《もど》していい」というようなかたちになっている。

「夫が妻を離婚しても、それを思い直した場合には、元の鞘《さや》に収まることができる」という規定まで設《もう》けているので、非常に寛容性があり、人間には間違いが多いことを前提にはしているのです。

「一夫多妻制」への批判は「キリスト教徒の嫉妬《しっと》」

ムハンマド　キリスト教徒は嫉妬《しっと》深いですからね。とっても嫉妬深いので、自分たちが一夫一婦制なのに、ほかのところがそうでないことを許せなくて、「同じようにならなかったら、殺してしまう」というようなところがある。

キリスト教徒は「自由主義」を名乗っているけれども、そういう意味では、実際には「共産主義」なんだ。「共産主義」とあまり変わらないところがあると思うんですよ。自分らと違うものに対しては、すごく嫉妬するところがある。

「文明のあり方としては、多少の変化はあってもいいんじゃないか」と私は思うんですけどね。

日本も、本当は、ほとんどイスラム教と変わらない。日本の伝統を見れば変わらないのに、昭和天皇以降、「欧米型が普通だ」ということで、考え方を変えられた。

ただ、それだと、「長子相続制で男子相続型の天皇制の維持《いじ》は、かなり厳しいことになるだろう」ということは予想されますね。「制度的には危機が迫《せま》っている」と私は思います。

「なぜ、そうなったか」ということは、もう、はっきりしているのです。「優秀《ゆうしゅう》な子が生まれるかどうか、分からない」ということと、「男の子が生まれるかどうか、分からない」ということと、「生まれても、無事に育つかどうか、分からない」ということですよね。

イスラム教も分派して割れましたけれども、これには、私の直接の子供が、そういう男子が、跡継《あとつ》ぎとしていなかったことが大きいね。それで、いろいろと分かれていったところもあるので、そういうことが重要な考え方を占《し》めているところにとっては、「結婚制度の仕組み」は非常に大事です。

石川　ありがとうございます。

7 「霊的《れいてき》な奇跡《きせき》」に対する考え方

ムハンマドの霊能力《れいのうりょく》の表れ方は「霊言型《れいげん》」

石川　宗教のあり方について、お伺《うかが》いさせていただきたいと思います。

例えば、キリスト教では、イエス様が「病気治し」などの霊的奇跡《れいてききせき》を起こされました。また、教えの中身は、基本的には心の内面に関する教えであり、「人が義とされるのは信仰《しんこう》によるのであり、行為《こうい》や律法によるのではない」というようなことがメインの教えになるかと思います。

一方、ムハンマド様に関しましては、例えば、「病気治し」などの霊的な奇跡は起こされていないと思います。

ムハンマド　うん。厳しいね。

石川　（笑）いえ。

ムハンマド　ハハハハ。

石川　すみません。

ムハンマド　厳しいね。

石川　また、天国に関する教えでは、「処女を失わない美女を侍《はべ》らせることができる」とか、「お酒を飲み放題」とか、天国であるにもかかわらず、けっこう、この世的な感じもあるのです。

これは、この世でも勝利されたムハンマド様の個性とも関係するのかと思うのです。

そして、幸福の科学では、「この世とあの世を貫《つらぬ》く幸福」を説いております。このように宗教によって、多少、色合いが違《ちが》うのですが、どのようなあり方が、人間を幸福にしていくのか、メリットとデメリット等を含《ふく》めて教えていただければ幸いです。

ムハンマド　イエスは確かに病気治し等をやりました。そのことは『聖書《せいしょ》』に載《の》っておりますし、「イエスのあと、弟子《でし》たちも治せるようになった」ということも書いてはあります。

しかし、歴代の教皇や司祭たちなどには、そういうことのできる人は、ほとんどいなかったし、たまに、できる人がいると、すぐ「異端《いたん》」にされ、火あぶりなどにされてしまうようなところもあって、やっぱり、人間だよね、嫉妬心《しっとしん》が強くて。

だから、奇跡が「イエスの時代」で止まっているようなところもある。

それ（病気治し）は、「神の子としての証明」のようなもので、大事だったのかもしれませんし、「神の子としての証明」として必要なだけの奇跡が起きたのではないかと思いますが、ずっと連綿として起きるものではなく、科学では、そういうことはありえない。

私には、それに代わり、『コーラン』もそうですが、「唯一《ゆいいつ》なる神」の言葉を語り下ろすことができたので、イスラム教徒から見ても、イスラム教徒じゃない他の者が見ても、おそらく、イエスよりも優《すぐ》れた面があると思うんですね。

あなたがたにとって、これは非常に親《した》しみがあることです。「霊言集《れいげんしゅう》を出せる」ということには親しみがあるから、（その意義が）分かるでしょうし、イスラム教徒も、たぶん、あなたがたを理解すると思う。

そうした、「神の声を下ろす」ということを、イエスは、それほど明確にはできていません。自分の言葉として語っており、「このなかには神のお考えが入っているのだ」という程度で止まっているところがありますよね。

だから、その「霊言ができた」というところは、霊能力《れいのうりょく》の一つの証明ではある。イエスに関しては、あと、エルサレムにいたとき、「幽体離脱《ゆうたいりだつ》をして天国を見てきた」というような話が遺《のこ》っていると思うので、「体外離脱の経験があった」とは思います。

霊能力の表れ方は、その人の使命に合った表れ方でしかないのかなと思います。私の場合には、この「霊言型」であったのです。

幸福の科学も、それにスタート点では少し似ているけど、そのままではなかったところがあるのでね。

仏教のように「教え」を説き、「信仰と伝道」で広げていこうとしているようなところもあるし、キリスト教のように「病気治し」も始まったりして、〝怪《あや》しい〟ほど、「いいところ」がたくさん入っておりますね。

石川 （笑）

ムハンマド これは、ちょっと怪しいぐらいで、こんなにたくさんやらなくても、「世界宗教」になるんですけど。（やっていることが）お互《たが》いに〝喧嘩《けんか》〟しなければいいですね。うまくいくといいんですけど。

イエスの行《おこな》った奇跡《きせき》への疑問を語るムハンマド

ムハンマド　やっぱり、奇跡《きせき》そのものは、そんなに長く続くものではありません。また、「イエスが水瓶《みずがめ》の水をブドウ酒に変えた」とかいっても、本当か嘘《うそ》かといえば、キリスト教徒だって、信じるのはなかなか大変だろうとは思うんですよね。

これは、それを実際に起こすよりは、そうやって書くほうが早いですからね。一行書けば済むことで、そうやって書けば終わりですから。

「イエスの時代」は二千年前ですが、日本だったら、これは「神話の時代」でしょう？　だから、そのくらいのことを書くのは、別に、わけはないことであり、編纂《へんさん》者が書けば、それで終わりですから。

真理はシンプルなほうにあるので、「奇跡のなかには、本当に起きたものもあろうとは思うけれども、『このくらい、ついでに書いておこうか』というようなことで、ややオーバーに書かれたものも、あるのではないか」という気がします。

「イエスが水の上を歩いた」という奇跡もありますが、「死海《しかい》」（注。イスラエルとヨルダンの国境にある湖で、塩分濃度《のうど》が普通《ふつう》の海水の約十倍もある）という所があって、沈《しず》まないで歩けるというか、膝《ひざ》ぐらいまでは沈むけど、水の上を〝歩ける〟ような所が現実にある。

そういう所のことが何かミックスになって書かれても、ほかの地域の人は知らないから、「そういうことかな」と思うかもしれない。

そのようなものも、あるいは入っているかもしれませんしね。

イエスには、死んだラザロをよみがえらせたりするような力があったのに、最後には、死刑《しけい》を執行《しっこう》する人たちに嘲笑《あざわら》われ、「おまえが救い主なら、自分自身を救ってみろよ。おまえの神様は、なぜ救いに来ないんだ」というようなことを言われる。

そして、『聖書』には、惨《みじ》めったらしくも、「神よ、神よ、なぜ私をお見捨てになったのですか」というような、イエスの言葉まで書かれてしまっている。

私には、「そんなことをイエスが言った」ということのほうが、むしろ信じがたい。

キリスト教では、イエスを神格化し、「神の独《ひと》り子」と言ったり、「神そのもの」とほとんど同一視したりしているのですが、「神よ、なぜ私を見捨てたまいしか」と言ったら、これは人間ということだろうし、人間のなかでも、特にミゼラブル（惨めで不幸）な人間になってしまいますよねえ。

最後は、見捨てられたかのような感じ、僕《しもべ》だったのに捨てられたような感じであり、まるで〝捨てられた女〟のような言い方をしているので、ちょっと不思議なところがあって、あちこちに矛盾《むじゅん》がたくさんありますよね。

「戦争での勝利」や「国の統一」は神の応援《おうえん》による奇跡《きせき》

ムハンマド　それに比べて、私のほうには、奇跡《きせき》として、そういう霊言が起こせたことや、夜空の世界をちょっと霊体《れいたい》で飛んでいったことがあります。また、私は、戦争で圧倒《あっとう》的に不利な立場に置かれながら、「奇跡の勝利」を収《おさ》め、生前、生きている間に国家統一までしましたが、これも「奇跡」と考えられるわけですよ。

西暦《せいれき》の六一〇年ぐらいに啓示《けいじ》が下りて、それから、六二〇年を少し過ぎたあたりで、「ヒジュラ（聖遷《せいせん》）」といいますが、メッカからメジナのほうに逃《に》げたりしました。

当初は圧倒的に劣勢《れっせい》でしたが、転戦しながらメッカを攻《せ》め、（ヒジュラから）わずか十年ぐらいで、メッカ軍を破って国を統一したのです。これは奇跡です。キリストに、できれば、こういう奇跡が起きてほしかったでしょうねえ。彼がエルサレムに入城《にゅうじょう》したら、民衆がウワーッと味方について、圧倒的な人数となり、兵士たちも、みんな、「これでは、とても敵《かな》わない」と言って〝帰依《きえ》〟し、エルサレムは「イエスの王国」になる。このようになってほしかったでしょうね。

そういう、「イエスの王国」のようなものを言いたがるところもありますけど、実際にそうなってほしかったでしょうね。だけど、ならなかった。

「それは、神の力が弱かったのではないか」と疑《うたが》ったりするかもしれませんが、神の愛し方が、イエスに対する愛し方よりも、ムハンマドに対する愛し方のほうが強かったのです。だから、神はムハンマドを愛したもうて、勝たしたもうた。

「戦争で勝つ」ということは、「こちらが生き残って、向こうが死ぬ」ということなので、敵側の大勢の人が死ぬことを意味しています。

要するに、「人々を愛しているはずの神が、敵のほうを倒《たお》してまでも、こちらのほうを護《まも》ろうとした」ということであり、神の強い意志の表れが、「戦争の勝利」なわけですよね。

神は、イエスのときには護らなかった。

モーセのときにも、せいぜい、「紅海《こうかい》を割って、逃がしてやった」ということだった。

要するに、モーセは決してエジプトの軍隊に勝ったわけではありません。逃げただけのことです。「時ならぬ風が吹《ふ》いて海が割《さ》け、逃げることができた」という奇跡が載っているけれども、私のときには、神が応援《おうえん》してくれ、勝って王国の統一までいきました。それを、わずか十年ぐらいでやっているんですよね。

だから、戦《いくさ》で勝ったことが、やっぱり大きいんだと思います。

そういう意味では、逆に見れば、私は神にすごく愛されていると思うな。

これもやっぱり、「奇跡」と考えるべきだと私は思うんですよ。

これは、日本で言えば、豊臣秀吉《とよとみひでよし》が「草履《ぞうり》取り」から「天下人《てんかびと》」になったようなものです。食い詰《つ》めた二十五歳《さい》の無職の青年が、あっという間に国王になったような感じなのでね。

さらに、その国には、他の国々までをもイスラム教で押《お》さえていき、キリスト教の国をイスラム教国に変えていく力があったわけですから、すごい奇跡が起きたわけです。

これ自体を、やっぱり、「奇跡」と呼ぶべきだと思うんですよね。

あなたがたも、いろいろな宗教のよいところを、たくさん〝お取り〟になっておられるので（笑）、「いろいろな奇跡が、きっと、チョコチョコと起きてくるんじゃないか」と思いますけどね。

私としては、それで十分だったのかなと思います。病気治しなんかに入りすぎると、今度は、戦で勝ったりするほうの力が、たぶん弱くなるんじゃないでしょうかね。そんな感じがします。

石川　ありがとうございます。

8 「富」というものを、どう考えるか

商人として「商売感覚」「金銭《きんせん》感覚」を持っていたムハンマド

石川 「富」に関する考え方について、お伺《うかが》いしたいと思います。

イスラム教は、本当に先進的なことですが、信仰《しんこう》の具体化として、「信仰告白」「礼拝《れいはい》」「喜捨《きしゃ》」「断食《だんじき》」「巡礼《じゅんれい》」を定めました。

この「喜捨」のところには、ソーシャル・セキュリティー（社会保障）といいますか、極《きわ》めて斬新《ざんしん》な、「富の再分配」という考え方が、すでに入っていると思われます。これは、イスラム教の大きな魅力《みりょく》であり、広がってよいのではないかと思いますが、現代は、「富の分配」だけでは十分ではなくなってきているとこ

ろがあるかと思うのです。

今後のイスラム教の改善点も踏《ふ》まえ、「富」に対する考え方について、お教えいただければと思います。

ムハンマド　宗教をやってみたら、君、やっぱり、「財力」は要《い》りますよね。なかったら……。

私は、十五歳《さい》も上の未亡人と結婚《けっこん》しましたけど（笑）、若かったからね。私にお金があったら、十五歳も年上の女性と結婚したりはしなかっただろうと思いますが、その日の糧《かて》にも苦しんでいるような状況《じょうきょう》で、〝行き倒《だお》れ状態〟を介《かい》抱《ほう》してもらい、なぜか気に入っていただき、結婚した感じであって、一方的に向こうのほうから〝攻《せ》め落とされた〟ようなかたちでの結婚であったわけです。

ただ、その人がメッカ一の大金持ちだったことは、イスラム教のスタート点にとっては、実は、非常に恵《めぐ》まれたことではありましたわねえ。その財力による支《し》援《えん》がないと、やっぱり、活動できないところはあります。

軍事的にも勝利したのは、「兵站《へいたん》部門をつくる力があった」ということを意味しているわけです。

私は、二十五歳で結婚してから、四十歳で啓示《けいじ》を受けるまでの十五年間に、何をしていたかというと、商人であり、ラクダを率いた隊商で交易をやっていたわけです。エジプト地方からインドや中国にわたる交易ルートのなかで、貿易というか、交易をやっていました。

そのため、「商売感覚」が非常に優《すぐ》れていたわけで、そういう意味でのお金儲《かねもう》けや駆《か》け引きなどができないわけではなかったんですよね。

戦《いくさ》ができて、商業ができたので、ヘルメスのようなところが私にも多分にあったわけです。

そういう「金銭感覚《きんせんかんかく》」はあった。

これはイエスにはなかったと思われるんですよね。『聖書《せいしょ》』を読むかぎりでは、ほとんどないんじゃないか。

大工《だいく》ではあるけれども、「大工で金を儲けた」という話は特に聞かないので、あまり真面目《まじめ》な大工ではなかったと思われる。

ただで説法《せっぽう》して回り、パトロンというか、いろいろな人に少しずつ支援され、秘密のアジトを転々《てんてん》としていた。女性たちにご飯をつくってもらい、転々としていたような状態であったのだろうと思う。

それに比べれば、「軍隊までつくって戦った」ということは、私には、「ある程度の組織力や、兵站部門をつくる考え方はあった」ということだと思うんですね。

中東地域は、石油が出ている間に「文明全体の仕組み」を変えよ

ムハンマド　こういうものがイスラムのなかに流れている。今は、あなたがたには、貧しいように見えているかもしれないけど、もともとは、〝商人の血〟が宗教のなかに流れている。

ここも、あなたのところは取っているんだよ、うまいこと。幸福の科学は、うまいこと取っているのよ。（大川総裁には）〝商人の血〟が少し流れているようなところがある。

私だって、昔の商社マンみたいなものなのでね。〝元商社マン〟ですよ。かっこいいので、年上でお金持ちの〝赤坂《あかさか》のマダム〟に拾われたような感じの男でございますので（会場笑）、それをいいことに、その財力をバックにして、宗教が

つくれたわけですよね。あと、その信用力があったし、使用人がいたのも事実ですよね。

ただ、伝道には、そう簡単に成功しなかったんですね。クライシュ族の多神教を打ち破るのは、すごく大変なことであり、先祖伝来《でんらい》の宗教を捨てさせるのは難しかったのですが、軍事的な才能が意外にあって、戦《いくさ》で勝ったことが大きかったのかなとは思います。

それが、今、尾《お》を引いていて、あちこちでテロやゲリラ戦によくなりがちなのですが、私のせいであるのだったら、本当に申し訳ない面はあるんですけどね。「主婦のような人が、お腹《なか》にダイナマイトを巻いて、突《つ》っ込《こ》んでいったりしている」とかいうのは気の毒であり、兵法があまり進んでいないですよね。だから、「もう少し近代化してもらいたい」とは思いますけどねえ。

そういう意味では、「富は大事だ」と私は思います。

昔は交易によって富を得ることができたものですけれども、今は、あの地域は、主として、「油が出るかどうか」が大きいのでしょう。ただ、油は、いずれ尽《つ》きるので、次の資源をつくらなくてはいけないでしょうね。

そうしないと、「砂漠《さばく》地帯で人が生きている」ということ自体が不思議なぐらいですので。オアシスがある所でなければ、なかなか動物も飼えないような状況ですから、「海水の真水化《まみず》プラント」も、もっと欲《ほ》しいね。

また、何か新しい農作物《のうさくもつ》をつくりたいし、タンパク源となる動物の飼育もしてみたいし、何か新しいプロダクツ、製品をつくっていけるような技術力を持ちたいと思う。

「石油で食べていける時代は、もう、そう長くはないだろう」と思っているので、今、「石油が出ている間に、文明全体の仕組みを変えなくてはいけない」と考えています。

石川　はい。ありがとうございます。

9 「他の宗教との違《ちが》い」を乗り越《こ》えるには

「最後は、ここの先生に決めてもらったほうがいい」

石川　私からは、最後に、「他の宗教とのかかわり」について、お伺《うかが》いしたいと思います。

ユダヤ教、キリスト教、イスラム教は、兄弟宗教といいますか、いずれも「啓《けい》典《てん》宗教」だと思います。

ユダヤ教は、「アブラハムには子供が二人（イサクとイシュマエル）いて、ユダヤ人は、そのうちのイサクの子のヤコブの子孫であり、神は、ユダヤ人には、土地を約束された。アブラハムのもう一人の子供がアラブ人の先祖で、アラブ人には、神は土地を約束されていない。だから、イスラエルには、約束された土地を所有する正当性がある。ユダヤ教のほうが神に愛されている」と考えていて、今、イスラム教と対立していると思います。

今、幸福の科学では、「アッラーの神が、地上に降りられている（注。アッラーの神は、エル・カンターレのこと。『「ヤハウェ」「エホバ」「アッラー」の正体を突《つ》き止める』〔宗教法人幸福の科学刊〕参照）」ということを言っていますが、これは、ユダヤ教、キリスト教、イスラム教にとっても、非常に大きなインパクトがある事実だと思います。

こうした違《ちが》いを乗り越《こ》えていくためには、どのようにしたらよろしいのでしょうか。それについてお話しいただければ幸いです。

ムハンマド　大昔の、本当に四千年以上も前の「神の言葉」に基《もと》づいて、「どちらが正しいか」ということを延々とやっている状態で、（今は神の言葉を）聞けないよね。

それを聞けるのは、ここ（幸福の科学）ぐらいしか、今のところ、なさそうな感じだから、最後は、もう、ここの先生（大川隆法）に決めてもらったほうがいいんじゃないんですか、結論を。

しょうがないでしょう。神が片方にだけ約束することだってあるでしょうよ。「もう片方が聞き損《そこ》ねる」ということだってあるでしょうよ（会場笑）。神の声が聞こえる場合と聞こえない場合があるから、片方だけが聞こえたんでしょうよ。たぶん、もう片方には聞こえなかったんでしょうね。そういうことなんだろうと思いますけどね。

ただ、先住民がいて、人々がすでに住んでいた所に、あとから、「神にもらったから」と言って乗り込《こ》んできたのは、この世的には、そう簡単に受け入れられないよね。

「あんたには、この家があるけど、神が私に約束されて、『そこに住め』という神の声が聞こえたから、ここに来て家のなかに住みました」と言われても、「私のほうには聞こえていませんということであれば、この世的に見て、それを、「はい、そうですか」とスッとは受け入れられないわね。

だから、そのへんで争いがあることには、しかたがないところがあるのかな。

ユダヤ人は「高利貸し」のイメージで嫌《きら》われていた

ムハンマド　それと、土地を約束された「啓典の民《たみ》」であるユダヤ民族《みんぞく》のその後《ご》を見たら、イエス以後、国が滅《ほろ》び、そのあと、千九百年も、世界中に散り散りばらばらになっています。

『ベニスの商人』(シェークスピア作)は、そのユダヤ人の悪口《わるくち》を書いた作品ですからね。それが、あんなにベストセラーになっている。

あのように、中世においては、金貸しで生きていくしかなかった人たちなので、非常に嫌《きら》われていたんですよね。ユダヤ人のイメージは「高利貸し」です。これには、第三次産業というものを理解できなかった面もあるんですけれども、「高利貸し」のイメージで、嫌われていた。

これは、このあと、ヒットラーのところまでつながっていきます。

そういうことを見ると、「聖なる民」として世界の人が完全に認めているかというえば、必ずしもそうとは言えない。

だから、必死になってノーベル賞受賞者を出したりして頑張《がんば》ってはいるけれども、それでもって、「神の選ばれた民だ」とは、なかなか人々は認めてくれない。

それを認められるのだったら、ユダヤ教徒は、日本へ来て、総理大臣か他の大臣ぐらいやっているでしょうよ。経済産業大臣にユダヤ教徒を据《す》えて、やらせたら、いろいろと交渉《こうしょう》には強いかもしれませんけど、そういうことは起きていないわね。

「土地問題」「領土問題」は、どの国も抱《かか》えている

ムハンマド　だから、これは、しかたがないんですよ。人間のレベルでの言い争いがあったことを、あまりにも固定化して、やりすぎたのでね。

まあ、神様にだって〝ミスショット〟もありますわね。

「『あそこの土地をあげるよ』と言ったけど、人が住んでいるとは思わなかった」ということもあろうがね（会場笑）。「昔は、いなかったはずなのに、もう住

んでいたか」というようなことは、あるんじゃないですか。何十年も旅をして、行ってみたら、すでに人が住んでいた。「あらあ、そうだったっけ?」というようなことが、やっぱり、あるんじゃないですか。

そのあとから取り消すわけにもいかないじゃない? 「戻《もど》れ」と言ったって、戻る所はないんだからさ。それは、しかたがないじゃないか。

だから、今の沖縄《おきなわ》のような問題だよね。「琉球《りゅうきゅう》は中国のものだったか」「いやいや、そんなことはありません。沖縄県は、もともと日本のものです」というようなものだよ。いわば、こういう争いだからさ。

「尖閣《せんかく》諸島は、中国のものか、台湾《たいわん》のものか、日本のものか」ということで争っているし、竹島《たけしま》についても、韓国《かんこく》のものか、日本のものか、争っているでしょう? 互《たが》いに言い分を譲《ゆず》らないじゃないか。同じだよ。どこでも起きるんだよね。

だから、「土地問題」は、やっぱり、難しいんですよ。基本的に難しいのです。一方に、もう一方を完全にねじ伏《ふ》せるまでの力があれば、そうやって片付きますけど、そこまで行かない場合には、解決がつかないんですね。だから、片方が圧《あっ》倒《とう》的に優勢になり、もう片方を押《お》さえ込んでしまうか、片方が諦《あきら》めるか、どちらかでないと、解決しません。

世界中を見ても、「土地問題」「領土問題」がないところはなく、どの国も抱《かか》えている問題なので、これについては、しかたないんじゃないですか。隣《となり》近所とでも境界線の争いは、やっぱり起きるのでね。

イスラエルはアラブの世界に「慈善《じぜん》事業」を

ムハンマド　だから、あとは、アラブの人たちが幸福の科学を信じたら、最後には大川総裁に裁定してもらったらいいんじゃないですか。

いやあ、争いがあるんだし、イスラエルが、戦後、他人《ひと》の土地をもらって国を建てているのは事実だから、「(イスラエルは)しっかり金を撒《ま》け」ということなんじゃないの?

アメリカからお金を取ってもいいけれども、イスラエルは、周りの貧しい地域にお金を撒き、もう少し、アラブの世界に対して、「慈善《じぜん》事業」をやらなくてはいけないね。

それから、やっぱりある程度、「不当な、一方的な攻撃《こうげき》はしない」というような条約を結んで、お互いに平和を維持《いじ》するように努力するしかないんじゃないでしょうか。

いつも、イスラエルのほうから奇襲《きしゅう》をかけてくることが多く、アラブのほうの動きは、のろいのでね。

それが、あなたの言う「アクションの遅《おそ》さ」なんですよね。「アッラーの思《おぼ》し召《め》しのままに」で、なかなか動かないものだから、人間《にんげん》間《かん》の動きというか、指揮命令系統や契約《けいやく》関係の動きが悪い。

欧米《おうべい》型になっているイスラエルのほうは、動きが早いんですよね。あちらは一《いっ》瞬《しゅん》にして攻撃をかけてくるけど、こちらは、「アッラー様の機嫌《きげん》のいいときを選んでやろう」なんて言って、みんなでサボっている状態が多いので、いつも先にやられ、被害《ひがい》が大きくなるんでね。

そういうところですかねえ。

他の宗教はイスラム教徒の「偶像破壊《ぐうぞうはかい》」を恐《おそ》れている

ムハンマド　ユダヤ教にも戦闘《せんとう》的なところがあるので、戦闘的な民族が同じ地域で同居しているわけで、そこのところが難しい。

ただ、かなりの地域をイスラム教が押さえたにもかかわらず、「まだ、イスラエルが頑強に頑張っている」ということは、「ユダヤ教は、ある程度、強さのある宗教である」ということではあろうし、世界のキリスト教徒たちも含《ふく》め、「聖地を何とか護《まも》りたい」という気持ちがあるんだろうね。

また、イスラム教徒たちは、過去、いろいろと破壊《はかい》活動をやっているからね。仏教に対してだって、大仏を壊《こわ》したりもしているしね。

そういうものは、たくさんあるから、「イスラム教徒の手に委《ゆだ》ねたら、いろいろなものを壊されるのではないか」と心配になる。

イスラム教徒なら、キリスト像やマリア像など、いろいろなものを壊すだろうし、〝本能〟のままに動けば、バチカンまで来たら、サンピエトロ寺院だって絶対に壊すよね。

あそこには偶像《ぐうぞう》をたくさん祀《まつ》ってあるし、バチカンの屋根の上だって、聖人たちをたくさん祀っているから、これらを全部壊して歩くのは間違いなくて、絶対に壊しますよ。ハンマーで壊していきますよね。

そういう意味では、抵抗《ていこう》し、「絶対に入《い》れない」と頑張っているのは、分からないことはありません。「人間の行動」という面で見ればね。

まあ、お互い血の気《け》が多いから、難しいですね。菜食主義に変えたほうがいいのかもしれませんね。

10 「女性の幸福」に対する考え方

イスラム教の女性は、なぜ目だけしか出さないのか

大川紫央　本日は、このような機会を賜《たまわ》り、ありがとうございます。

私のほうからは、まず、「女性論」や「家庭における幸福論」について、お伺《うかが》いしたいと思います。

先ほどからのお話を伺っていますと、ムハンマド様は、今のイスラム教国の女性について、「抑圧《よくあつ》されている」とか、「自由がない」とか、そういうことを言われていると思います。

ただ、女性を下に見るのではなく、戦争の多い地域において女性を護《まも》るシステ

ムとして、いろいろな風習や文化であるとか、一夫多妻制であるとか、そういうものが生まれ、現在の「イスラム教の女性像」があると思います。

一方、世界情勢や価値観が変わっていくなかで、イスラム圏《けん》では、まだ、女性の「割礼《かつれい》」の風習が遺《のこ》っていたり、一夫多妻で、女性のほうから離婚《りこん》を申し出ることがなかなかできなかったりしており、「変えていくべき点もあるのではないか」という印象を受けるのです。

ムハンマド様がお考えになる、「女性における幸福論」や「家庭あるいは男女関係における幸福論」がありましたら、ご教示をお願いいたします。

ムハンマド　西洋社会から見て、まず違和感《いわかん》を感じるのは、「イスラムの女性が、目だけしか出さないで、あとは全部、体を覆《おお》っていて、夫以外には顔を見せない」という風習があるところです。このへんを気になされるところはありますよね。

でも、それは、あの地域が、基本的に「アリババと四十人の盗賊《とうぞく》」の世界だからです。

顔が醜《みにく》ければ、よろしいんですけれども、顔がそこそこよろしくて、魅力《みりょく》的だった場合には、盗賊に〝盗《ぬす》まれる〟可能性があります。要するに、「キッドナッピング（誘拐《ゆうかい》）」のように、人さらいをされることがあったのです。

人さらいをされないためには、「品定《しなさだ》めができないようにしておく」というのが一つの手です。夫以外に顔を見せなければ、年齢《ねんれい》などが分かりません。「さらったら、とんでもない婆《ばあ》さんだった」ということだったら、やっぱり、困るじゃないですか。

そういうことで、確かに、護身的な面も一部にはあるのではないかと思いますね。

それと、今の欧米《おうべい》文化は、どちらかといったら、「見せる」ほうの文化なので、今の欧米文化では失われつつあると思うけれども、「恥《は》じらい」というものも、一つの文化としてあるとは思うんですよね。

その「恥じらい」というものも、やっぱり、女性らしさを醸《かも》し出すものの一つではあり、その「恥じらい」というものが象徴《しょうちょう》している点はあるので、これは一つの文化の象徴ではありますね。

イスラム世界で「自由恋愛《れんあい》」が許されない理由

ムハンマド　ただ、確かに、攻撃《こうげき》されているとおり、女性に財産性を見いだし、「財産と引き替《か》えでなければ嫁《よめ》にやらない」というようなことが、いまだに遺っているところもあるし、「自由恋愛《れんあい》」のようなものを、なかなか許さないところも、やっぱりあります。

娘《むすめ》を一人前にするまでには、養育費用がかかっています。家として〝投資〟をしてきているので、「自由恋愛をされると、元が取れない」というところがあります。よその国に留学しているうちに、勝手に自由恋愛をされたりしますと、「娘をタダ取りされてしまう」というような感じが、あることはあるわけです。

アラブの風習から言えば、「養育料に相当するだけのお金等をきちんと持ってこなければ、娘を嫁にやれません」というところがあります。

それについて、「娘に財産性を認めることが人権侵害《しんがい》だ」という考えもあるかもしれないけれども、「それ相応のお金等が、あとから来る」というようなことでもって、女性は娘時代に何不自由なく、愛情をかけて育ててもらえるところもあるわけです。

しかし、タダ取りされることが分かっているのだったら、娘を愛し続けるのは、そんなに簡単なことではないですよね。

「二十歳《はたち》まで一生懸命《いっしょうけんめい》、お金をかけて学校にやり、勉強をさせ、かわいがって、服もきれいにし、いろいろしてやったのに、どこかである男性に一目惚《ひとめぼ》れをし、その男とどこかへ駆《か》け落ちしていなくなる」ということが続出したら、だんだん子供をかわいがる気がなくなってきますよね。

娘の結婚相手が、「羊を二十頭、持ってきました」などと言ったときに、「二十頭か。それなら、いいだろう」とか、「いや、羊百頭分ぐらいでないと納得《なっとく》がいかんな。出来がちょっと違《ちが》う」とか言って、いろいろと交渉《こうしょう》をするのが、父親や男兄弟の役割です。

そのため、そういうものなしで娘を奪《うば》われたりしたら、男兄弟には、使命として、「相手を殺しに行かなくてはいけない」というような不文律《ふぶんりつ》があります。妹なり姉なりに手をつけて盗んだ男がいたら、兄弟は世界中で〝指名手配犯〟を追いかけ、相手を殺すところまで追い詰《つ》めなければいけないのです。ちょっと戦国時代のように感じるかもしれませんが、「目には目を」というような感じが、まだ遺っているところはあります。

これが近代の世界に合っているかどうか、分かりませんけどね。あるいは、先ほどの質問ではないけど、「少し異星人の文化が混ざっている」と見たほうがいいのかもしれませんがね。ちょっと違う文化があるかもしれないけど、「そういうものも、多少はあってもいい面もあるのではないか」という気もします。

イスラム教の女性は、ある意味で「護《まも》られている」

ムハンマド　だけど、逆の意味で見たら、それは、「女性が差別され、低い位置に置かれている」とだけは必ずしも言えないところがあります。

例えば、日本のメーカーや商社の人などが、アラブのほうに駐在員《ちゅうざいいん》で来て、現地妻をつくってしまった場合、その女性と結婚しなければ、やっぱり許されないので、「日本人の妻と離婚しなくてはいけない」ということが起きるわけですね。そうしなかったら、その商社マンなりメーカーの人なりは殺される運命にあるため、その女性との結婚を固めなくてはいけなくなってくるのです。

これは、「アラブの女に手を出したら、怖《こわ》いですよ。アラブの女性との交際は命懸《いのちが》けであり、単なる一時的な通りすがりの恋愛感情や、お酒を飲んだ勢いで、深い関係になったりすることはできないよ」というような意味で、「その女性を、一生涯《いっしょうがい》、保障しないかぎり、手を出させない」という面も持っています。

そういう〝防波堤《ぼうはてい》〟でもあるので、単なる財産性だけの問題とは言えない面もあるわけです。

いわば、「女性を慰《なぐさ》みものや遊び女《め》として使わせない」ということです。そういうものは、欧米や日本などのアジアではけっこうあると思うけど、「そのようには使わせない」という面も、あることはあるんですね。これは文化の違いではあろうかと思いますけどね。

ただ、留学をすると異文化摩擦《まさつ》が起きるので、留学をした人たちは、みんな、文化的には苦しんではいるようなので、いずれ、何らかのかたちでの解放運動は起きるだろうとは思いますけどね。たぶん、起きるだろうと思います。

イランでは日本の忍者《にんじゃ》スクールが流行《はや》っていますが、少し恥ずかしいような気がしますね。「くノ一」ですか、女性忍者のスクールが流行っている。そんなものは日本にはないのに、イランでは忍者スクールが流行っていて、女性が入門し、「空手《からて》」を習うようなつもりで、一生懸命、忍者のスタイルで護身術を習ったりしているようですけど、この文化的な違和感っていうのは、拭《ぬぐ》えないものがあるかなあ。

ただ、逆に言うと、アラブの男性から見れば、西洋の女性のように、脚《あし》をむき出しにしたり、胸を露《あら》わにしたりする姿には、ちょっと下品に見えるところもあるし、「神の前での慎《つつし》み深さ」のようなものが失われているようにも見えるんですよね。

ギリシャの神様はヌーディストビーチがお好きかもしれないけれども、アラブの神様のほうは、やっぱり、「もう少し上品に体を包み、慎《つつし》んでおれ」という考えでありますのでね。

一夫多妻の家庭では「嫉妬心《しっとしん》を抑《おさ》える修行《しゅぎょう》」がある

ムハンマド　ほかに何か訊《き》きたかったんでしたっけ?

大川紫央　あとは、「家庭に関して、ムハンマド様は、どうお考えになられているか」ということを……。

ムハンマド　いや、女性にとっては非常に大きな修行《しゅぎょう》があると思いますよ。イスラム教では、四人ぐらいまでは公式に妻を持っていいことになっていますので、「嫉妬心《しっとしん》を抑《おさ》える修行」があるわけです。全部が全部じゃないけれども、裕福《ゆうふく》な階級の人と結婚した場合には、そういうことがあります。

やっぱり、女性には、世界的に見て、嫉妬心は一般《いっぱん》に起きるので、夫を独占《どくせん》しないといられないのに、〝妻共同体《つまきょうどうたい》〟のようなものができる。

その代わり、ほかの人が産んだ子供であっても、預かって、自分の子のように世話をしたりする人もいるし、働きに出る人もいる。そういうかたちで、助け合いの共同体のようなものができるため、女性の嫉妬心や独占欲のところの修行は、一部、あることはあります。

あと、男性にとっては、「妻を平等に愛さなくてはいけない」という、非常に〝厳しい試練〟が待っているわけですが、なかなか平等には愛せないところはありますよね。

欧米文化圏であれば、最初の妻、あるいは愛人《あいじん》がいても、次に好きな人ができたら、だいたい、前の人と切れるのが普通《ふつう》ですよね。前の人と切れて、次の人に行き、次の人が切れたら、三番目に行く。これが普通ですけれども、イスラム教では、一番目も二番目も三番目も四番目も、平等に愛さなくてはいけない。

だから、一番目の人に百万円のダイヤモンドを買ったら、二番目の人にも、それ相応のルビーを買うなり、サファイアを買うなりしなくてはいけない。そういうところがあり、平等でなくてはいけないので、男にとっても、非常に財布《さいふ》を

〝鍛《きた》えられる〟制度なんです。

そういう意味で、少し変わった社会ではありますけれども、「人類の文明実験としては、多少、そういう変化形があってもおかしくはないかな」とは思っておるんですけどね。

アリの世界やハチの世界でも、女王バチや女王アリのように、メス一匹《いっぴき》だけが巨大化《きょだいか》し、全部に君臨《くんりん》しているようなところもある。あとは、全部、〝ご奉仕《ほうし》をしている男〟。これでは〝大奥《おおおく》〟だね。

「男性が女性に仕えている大奥」というものを描いた作品が、今、日本で何か流行っているらしい。男性三千人が女性に仕えるようなね（注。二〇一〇年公開映画「大奥」）。あの女王バチの世界だって、実際には存在しているので。「人類の文化に単一性があるか、地域によって少し変化があるか」というのは、ちょっと微妙《びみょう》だけど。

一夫多妻はイスラム教の誕生以前からあった

ムハンマド　（一夫多妻制は）私のせいにもなっているけれども、おそらく、もともとは、そうではない。

『旧約聖書《きゅうやくせいしょ》』を見ると、確か、イスラエルの民《たみ》で、子供ができない夫婦《ふうふ》において、妻（サライ。のちのサラ）が夫（アブラム。のちのアブラハム）に、「別の妻（ハガル）をもらってもよい」というようなことを言っているはずです。

そうかと思えば、そのあと、八十歳《さい》だか百歳だか知らないけど、もう、いい年になってから、「子供が生まれる」と神が言って、そのとおり生まれたりしていて、やや記述が信用できないところが、あることはあるんですけど、そういう葛《かっ》藤《とう》のようなものはありましたよね。

それから、これは、たぶん、ユダヤだけではなくて、古代のエジプトからの風習ではあろうけれども、そうした複数婚をする場合、妻たちのうち、奴隷《どれい》階級というか、下の婢女《はしため》階級の人については、妻とは別の扱《あつか》いで構わないことになっている。

また、モーセは「姦淫《かんいん》」を禁じていますが、こういう奴隷階級の卑女《ひじょ》、お仕えするタイプの女性の場合には、姦淫に相当しないことになっている。

だから、文化的には私が全部を開いたわけでは決してなく、「砂漠《さばく》地帯には、エジプトも含《ふく》めて、そういうことが、いろいろあった」ということではありますね。

宗教が多産を目指すのは「信者を増やしたいから」

ムハンマド　私の場合には、ハディージャという非常に愛情深い金持ちで、パトロンで、イスラム教の共同設立者のような人がいたけれども、私より十年早く死んでくれたおかげで、私は教祖《きょうそ》としていろいろな妻を持ち、私を崇拝《すうはい》してくれる人と結婚ができた。だから、これは、「神の、アッラーのお恵《めぐ》みだ」と思います。

当然、そうあるべきであった面もあるのですが、(ハディージャの)あまりの〝怖さ〟ゆえに、何もできず、一夫一婦制を厳格に守っていたんですけれども、二十五年、いや、三十年ぐらい、一夫一婦制の試練に耐《た》え、忍耐《にんたい》をしていたら、神がお許しくださり、そのあといろいろと子孫《しそん》が増えていき、教勢が伸《の》びたところもあるのです。

だいたい、新しい宗教等では、歴史的に多妻になる傾向《けいこう》があるけれども、実際には、「信者を増やしたい」という気持ちも、盲目《もうもく》的衝動《しょうどう》として内部に入っている。

宗教は、一つの民族をつくるものであるので、『旧約聖書』にもあるように、「産めよ。増やせよ。地に満てよ」ということで、その子孫を増やしていこうとする気《け》は、どの宗教にもあるんですよね。

モルモン教も、たぶん同じだと思うんです。実際には「モルモン教徒の数を増やしたかった」というのが背景にあるけれども、共産主義的民主主義の反撃を受け、(一夫多妻が)許されなくなっていき、事実上、それを廃止《はいし》しているのだと思います。実際には、たぶん、「その信仰者《しんこうじゃ》の数を増やしたい」ということがあったと思うんです。

今は、子供の数が多いと、貧しくなってしまう傾向があると思うけど、昔は、子供も財産のうちであり、働き手なので、「子供が多くなれば、それだけいろいろな労働力になって、仕事が増え、収入が増える」というところもありましたのでね。

宗教が多産を目指す理由は、たぶん、本能的には、「信者を増やしたい」というところにあるんだろうと思います。

「ほかの宗教をやっている人を改宗させ、仲間にしていく」という労力は、けっこう大変なんだけれども、「上から下に継承《けいしょう》していく」というかたちだと、わりあい楽に増やしていけるので、「子孫に信仰を伝えていく」というのが、わりあい伝わりやすいんです。

しかし、ほかの宗教をやっている人を、こちらに〝寝返《ねがえ》らせ〟ていくには、すごい労力がかかります。

山を動かせず、山に向かって歩いたムハンマド

ムハンマド　私だって、最初のころには、伝道の失敗をそうとしています。いろいろな矛盾点《むじゅん》を突《つ》かれて、「それは、ちょっとおかしい」などと言われ、認めてもらえないことがありました。

「唯一《ゆいいつ》の、絶対の神の声が聞こえたのだ」と言ったら、「それは、ちょっとおかしい。そんなはずはない。それは、カブリエルが出てこなければ伝えられないはずであり、神が直接、声を下《くだ》すはずがない」ということなど、いろいろなことを言われました。

それから、奇跡《きせき》を起こせなかったところとかでも、ありましたよ。

「いやあ、おまえが、そういう最後にして最大の預言者《よげんしゃ》だったら、あの山を動

かしてみろ。イエスは、『あの山、動きて、海に入《い》れと言わば、しかなるべし』と、『聖書』で言っているじゃないか。おまえも、あの山を動かしてみろ。『こちらに来い』と言って、やってみろ」と言われたのですが、実際にやってみたら、山は動きませんでした。

そこで、「おかしいですね。動いてもいいのに、山が動いてこないから、私のほうから行こう」と言い、山のほうに向かって歩いていったことがあります。

まあ、冗談《じょうだん》のような話だけどね。

「イエスは嘘《うそ》を言ったのではないか」と、本当に、いまだに疑っているところが私にはあるのです。本当に、イエスは、「この山、動きて、海に入《い》れ」と言い、山が動いて入《はい》ったんでしょうかねえ。そんなことができたんでしょうか。

口では言っていますよ。「信仰には、それだけの力がある」ということを、明らかに言っていますけれども、それだったら、私が言ったときに、山はこちらへ歩いてきてもいいようなものではあるんだけど、山は動かなかったので、私が山に向かって歩いていきました。

そういう恥《はじ》をかいたこともあって、現実には伝道の失敗も数多くありますけどね。

信仰には、やっぱり、摩訶不思議《まかふしぎ》なところがあるんでねえ。だから、その「山を動かせる」というのも、もしかして、「火山を噴火《ふんか》させるだとか、地震《じしん》を起こすだとか、こういうものも神の力だ」というように考えればよくて、それだと、いろいろなものを〝動かせる〟のかもしれませんがねえ。

11 「宗教」と「国」のあり方をめぐって

「不戦」の教えを守って滅《ほろ》んだインド仏教

大川紫央　最後に、もう一つだけ、質問させていただきたいと思います。冒頭《ぼうとう》の大川隆法総裁のお話にもありましたように、イスラム教は、「宗教を開いた」というだけではなく、「〝幕府〟を開いた」「国を開いた」という感じも、すごくある宗教ではないかと思うのです。

イスラム教圏《けん》の国々では、政治家や文化教養人など、国の指導者の方々に、イスラム教の教えや考え方が根本《こんぽん》に深く根づいており、彼らは、その下《もと》で、いろいろなことを考え、それを世界に発信していると思います。

イスラム教の開祖であるムハンマド様が考えられる、「宗教」と「国」のあり方について、教えていただければと存じます。

ムハンマド　まあ、功罪の両面はあるでしょうね。

「仏教を滅《ほろ》ぼしたのもイスラム教だ」と言われています。

釈迦《しゃか》の教えを奉《ほう》じていた僧侶《そうりょ》たちは、「戦わない」という「不戦」「非戦」の教え、それから、「人を殺さない」という教えを守っていました。それは人間としては立派だと思いますけれども、イスラム教のように、戦いをしてもよい宗教が入ってきたら、仏教は、あっという間に、インドで滅びてしまっていますよね。

仏教を滅ぼしたのはイスラム教だから、イスラム教は憎《にく》まれてもいるし、今のインドでは、ヒンズー教が仏教の代わりをやっていますけれども、ヒンズー教とイスラム教の対立で、インド対パキスタンの対立が起き、この両国は一緒《いっしょ》にならなないでおりますけどね。

やっぱり、一定のかたちで固めると、難しいところがあるので、（戦いなどが）実際に効果を収める面もあるし、創立のときには、どうしても戦争というものがあって、もし戦争に負けていれば、何のことはない、「ちっちゃな豆粒《まめつぶ》のような新興宗教ができて、潰《つぶ》された」というだけのことで終わりですよね。

「平和主義」「宥和《ゆうわ》主義」では国が取られてしまう

ムハンマド　日本で言えば、大本教《おおもときょう》が弾圧《だんあつ》されたと思います。弾圧されて小さくなり、細々《ほそぼそ》と生き延びているのでしょうけど、そういうときに、「政府転覆《てんぷく》」まで行《い》って、国を押《お》さえてしまえば、違《ちが》っていたでしょう。

最近は、オウム真理教というものもあったかな。

そういうことがあれば、国を全部、乗っ取ってしまうこともある。

宗教には、そういう革命勢力的な面が絶対にあるのですが、その革命勢力的なものも、「思想的なものだけで済むか。あるいは、軍事的なものまで伴《ともな》うか」ということで、強さに違いがあるでしょうね。

だから、こちらは宗教ではあるけれども、ある意味では、「共産主義に似たものもあるかな」という感じもしますね。共産主義は、「革命は銃口《じゅうこう》から生まれる」と言っているのでね。それで人殺しを正当化しているところがあるよね。

それは、「共産主義は銃口から生まれる」と言っているわけで、要するに、「目的」よりも、「手段」のほうを優先しているので、まず「手段」を肯定《こうてい》している。「目的が正当ならば、そういう手段をとってもよい」と言うのではなく、「手段、すなわち銃口から生まれる」と言っているのだから、それは、「人を殺さなければ革命は起きない」と言っているのと同じですからねえ。

そう考えるところもあるので、そういうところと当たると、やっぱり大変ですよね。「平和主義」をやっていたり、「宥和《ゆうわ》主義」をやっていたりするところは、本当に、あっという間に取られてしまう。実際に、チベットという国も取られているでしょう? 仏教系がどんどん負けていっている理由は、やっぱり、そういうところにある。

今、少なくとも、ここ（幸福の科学）は、「防衛的な戦いは構わない」というようなことを言っているけど、そうなると、やっぱり、その教えのなかに、どうしても、「敵」と目《もく》される人を殺さなくてはいけない面も出てくることになろう。だから、「不殺生《ふせっしょう》」を戒律《かいりつ》として定めてしまったら、やっぱり、負けますよ。基本的に負ける。お釈迦様のところ（釈迦国）も、みんな殺されているんでしょうから。

だから、「正義」という概念《がいねん》が、そこを護《まも》らないといけない面もあるだろうと思うんですよね。

「どれが正しいか」というのは言いにくいんですけれども、この世的に負けたら、やっぱり、「敗れ去る」ことも事実ですね。

「北朝鮮《きたちょうせん》の核《かく》開発」に対して、日本は油断している

ムハンマド　お金の力、マネーパワーだけで存在できるのなら、経済競争だけでやられてもよいと思うのですが、それだけでは済まない。

北朝鮮《きたちょうせん》という貧しい国でも、核《かく》ミサイルを開発して撃《う》てるようにしようと、日夜、努力しているわけです。

これに対して、日本は油断していると思いますが、経済的に見たら、日本の何千分の一か何万分の一か分からないぐらい、ちっちゃい国ですけれども、「武器

だけをつくる」ということであれば、できないわけではないのです。

だから、「オウム真理教と同じようなものが北朝鮮にある」と考えればよいわけです。北朝鮮が「日本人皆殺《みなごろ》し計画」を立てれば、やれないことはないのです。お金がなくても、できないことはありません。一般《いっぱん》民衆が飢《う》え死にしようが、気にしないで、軍事先行型の「先軍《せんぐん》政治」をやれば、できるわけですからね。

また、中国にだって、それができないわけではないのです。

最近、インドがミサイルを打ち上げていましたけど、パキスタンが核兵器を持ったら、インドだって、当然、核兵器を持たなくてはいけないし、中国が次の仮想敵として予想されているのなら、十三億（中国）対十二億（インド）であり（収録時点）、どちらも、護らなくてはいけないぐらいの人数です。

北朝鮮が、ミサイルの打ち上げ実験を行い、弾道《だんどう》ミサイルを打ち上げたら、北朝鮮に対しては非難が集まったけど、インドに対しては、全然、非難が集まらない。

「インドぐらいの大国になったら、当たり前でしょう。それで一方的に中国から攻《せ》められたりしたら、たまったものではないから、防衛上、対抗《たいこう》上、当然、同じぐらいの力を持たなくてはいけないでしょう」と考えるのが世界の論理です。

さらに言えば、日本だって、防衛のためには、当然、ある程度の装備をしてもおかしくないんだけど、自分たちで〝手足を縛《しば》って〟いるわけだから、こういう民族は、歴史的に見れば、滅ぼされるのは、ほぼ確実だと思います。思想的に変えないかぎりは、たぶん滅ぼされるはずですね。隣国《りんごく》に強国がない場合には滅びませんけれども、強国が出た場合には滅びると思います。

だから、今、〝弱者連合〟をつくろうとして、アジアのほかの国と経済的につながろうとしたりしているようですけど、でも、最終的には勝てない。それだけでは、やっぱり勝てないと思う。

軍事のところ、防衛面で、対抗できる力を持たないかぎり、日本という国は、やっぱりなくなる。論理的に、これはなくなると見て間違いない。

北朝鮮が、「よい国」であろうが、「悪い国」であろうが、核ミサイルをつくって、日本に命中させる力を持ったら、どうなりますか。あるいは、飛行機で運んできて、核兵器をポトンと落とすと、それが爆発《ばくはつ》するところまで精度が上がり、今から六十何年か前にアメリカがやったところまで来たならば、どうなりますか。

要するに、ミサイルを撃たなくても、飛行機で日本上空に飛んできて、「不審《ふしん》な飛行機を発見」などと言って、自衛隊機が、これを追い払《はら》いに飛び立ったときに、ポトンと爆弾を落とされ、もし、それが爆発するんだったら、どうなりますか。

核兵器の小型化に成功しなくても、核爆発の実験に成功しているのなら、それができるわけですよね。

地下での核爆発の実験が、三回、成功するようだったら、まあ、〝大丈夫《だいじょうぶ》〟なので、「爆弾で落とす」という手だってあるわけです（注。北朝鮮は、二〇一三年二月十二日に三度目の地下核実験を行った）。

あるいは、「時限装置でやる」という手もあります。「夜中に日本海側へボートで夜陰《やいん》に乗《じょう》じて渡《わた》ってきて、新潟《にいがた》であろうが、どこであろうが、どこかの街中《まちなか》にそれをセットし、タイマーを作動させて逃《に》げ帰り、爆発させる」という手を使われたら、たぶん、止《と》められないと思いますよ。

いろいろな方法はあるんだから、考えておかなくてはいけないでしょうね。

「イスラム教的な考え」を入れないと、日本は滅《ほろ》びる

ムハンマド　でも、このままで行くと、やっぱり、「日本は滅《ほろ》びる」と私は思い

ますね。

だから、この宗教（幸福の科学）のなかに、今、多少は〝イスラム教〟を入れようとしているのは正しいと私は思います。入れておいたほうがよい。絶対に入れておいたほうがよいと思いますね。多少、イスラム教的な考えを入れておかないと、仏教だけだったら滅びる恐《おそ》れがあるのです。

神は全知全能ですから、あらゆる機能を持っていなくてはなりません。神には、「やられっ放《ぱな》し」ということはないのです。

あれほど多くの信者が生贄《いけにえ》になったキリスト教であっても、きちんと攻撃《こうげき》をしています。「右の頬《ほお》を打たれたら、左の頬も出せ」と言うところでも、平気で攻撃しますから、全然、キリストの教えに合っていませんよね。

「下着を盗《と》られたら、上着も与《あた》えよ」とか、「『一マイル行け』と言われたら、二マイル一緒に行きなさい」とかいう教えを教祖《きょうそ》が説いているところであっても、

〝やって、やって、やって〟であり、攻撃しますからね。

だから、やっぱり、多少は、思想と現実世界を分けてもいいんじゃないでしょうかね。

宗教の思想のなかに、いちおう、そういう余地を残す思想をつくっておけば、現実世界は現実世界として、政治の世界で、やっぱりやるべきことはやるべきです。

そこまで縛ると、基本的に滅びるしかないのですが、「自国民を全部、滅ぼしてもよいのか」という問いに答えられるかどうか。答えられないのだったら、やっぱり、考え方を変えるべきだと思いますね。

神々の世界にも、いろいろと考えはありますけれども、「不正な侵害《しんがい》から身を護る」ということ自体は、多数を取れる考えなので、私は日本人に、そういう考え方を持つことを勧《すす》めたいですね。

岩本　ムハンマド様、本日は、長時間にわたり、あらゆる観点から質問に丁寧《ていねい》にお答えいただき、また、貴重なアドバイスも賜《たまわ》りました。本当にありがとうございました。

ムハンマド　うん。

大川隆法　（ムハンマドに）ありがとうございました。

12 「ムハンマドの霊言《れいげん》」を終えて

大川隆法　（幸福の科学に）〝イスラム教〟がかなり入ってき始めましたね（会場笑）。

（それが当会に）足りないところなのかもしれません。「愛の教えや寛容《かんよう》ばかり説いていると、現実のほうで敗れる恐《おそ》れがある」ということでしょうか。たぶん、そうでしょう。

当会が「危機」を言っているのと関係があるのかもしれません。「こういう考えもある」ということを日本人が知らないでいるので、それを教えようとしているのかもしれませんね。

イスラム圏《けん》も、キリスト教圏に、十字軍に敗れていたらそれで終わりで、もうなくなっているのでしょうから、神にとっても、競争は、なかなか激しいものがあるのかもしれません。過去、消えた宗教は、幾《いく》らでもありますし、国ごと消えるものもあります。

そういう思想を入れておけば、場合によっては、必要なときに、それを取り出すことが可能な面もあるのかもしれませんね。

ありがとうございました。

『ムハンマドの幸福論』大川隆法著作関連書籍

『黄金の法』（幸福の科学出版刊）
『仏陀再誕』（同右）
『永遠の仏陀』（同右）
『世界紛争の真実』（同右）
『中東で何が起こっているのか』（同右）

※左記は書店では取り扱っておりません。最寄りの精舎・支部・拠点までお問い合わせください。
『「ヤハウェ」「エホバ」「アッラー」の正体を突き止める』
（宗教法人幸福の科学刊）

ムハンマドの幸福論《こうふくろん》

2014年8月23日　初版第1刷

著　者　大《おお》 川《かわ》 隆《りゅう》 法《ほう》

発行所　幸福の科学出版株式会社

〒107-0052 東京都港区赤坂2丁目10番14号
TEL(03)5573-7700
http://www.irhpress.co.jp/

印刷・製本　株式会社 サンニチ印刷

落丁・乱丁本はおとりかえいたします

ISBN978-4-86395-524-0 C0030
写真：アフロ

Noblesse《ノーブレス》 Oblige《オブリージ》 「高貴なる義務」を果たす、「真のエリート」を目指せ。

幸福の科学学園
中学校・高等学校（那須本校）

Happy Science Academy Junior and Senior High School

私は、
教育が人間を創ると
信じている一人である。
若い人たちに、
夢とロマンと、精進、
勇気の大切さを伝えたい。
この国を、全世界を、
ユートピアに変えていく力を
出してもらいたいのだ。

（幸福の科学学園 創立記念碑より）

幸福の科学学園 創立者
大川隆法

幸福の科学学園（那須本校）は、幸福の科学の教育理念のもとにつくられた、男女共学、全寮制の中学校・高等学校です。自由闊達な校風のもと、「高度な知性」と「徳育」を融合させ、社会に貢献するリーダーの養成を目指しており、2014年4月には開校四周年を迎えました。

幸福の科学学園・教育の特色

「徳ある英才」の創造

教科「宗教」で真理を学び、行事や部活動、寮を含めた学校生活全体で実修して、ノーブレス・オブリージ（高貴なる義務）を果たす「徳ある英才」を育てていきます。

体育祭

天分を伸ばす「創造性教育」

教科「探究創造」で、偉人学習に力を入れると共に、日本文化や国際コミュニケーションなどの教養教育を施すことで、各自が自分の使命・理想像を発見できるよう導きます。さらに高大連携教育で、知識のみならず、知識の応用能力も磨き、企業家精神も養成します。芸術面にも力を入れます。

探究創造科発表会

一人ひとりの進度に合わせた「きめ細やかな進学指導」

熱意溢れる上質の授業をベースに、一人ひとりの強みと弱みを分析して対策を立てます。強みを伸ばす「特別講習」や、弱点を分かるところまでさかのぼって克服する「補講」や「個別指導」で、第一志望に合格する進学指導を実現します。

授業の様子

自立心と友情を育てる「寮制」

寮は、真なる自立を促し、信じ合える仲間をつくる場です。親元を離れ、団体生活を送ることで、縦・横の関係を学び、力強い自立心と友情、社会性を養います。

毎朝夕のお祈りの時間

幸福の科学学園の進学指導

1 英数先行型授業

受験に大切な英語と数学を特に重視。「わかる」(解法理解)まで教え、「できる」(解法応用)、「点がとれる」(スピード訓練)まで繰り返し演習しながら、高校三年間の内容を高校二年までにマスター。高校二年からの文理別科目も余裕で仕上げられる効率的学習設計です。

2 習熟度別授業

英語・数学は、中学一年から習熟度別クラス編成による授業を実施。生徒のレベルに応じてきめ細やかに指導します。各教科ごとに作成された学習計画と、合格までのロードマップに基づいて、大学受験に向けた学力強化を図ります。

3 基礎力強化の補講と個別指導

基礎レベルの強化が必要な生徒には、放課後や夕食後の時間に、英数中心の補講を実施。特に数学においては、授業の中で行われる確認テストで合格に満たない場合は、できるまで徹底した補講を行います。さらに、カフェテリアなどでの質疑対応の形で個別指導も行います。

4 特別講習

夏期・冬期の休業中には、中学一年から高校二年まで、特別講習を実施。中学生は国・数・英の三教科を中心に、高校一年からは五教科でそれぞれ実力別に分けた講座を開講し、実力養成を図ります。高校二年からは、春期講習会も実施し、大学受験に向けて、より強化します。

5 幸福の科学大学(仮称・設置認可申請中)への進学

二〇一五年四月開学予定の幸福の科学大学への進学を目指す生徒を対象に、推薦制度を設ける予定です。留学用英語や専門基礎の先取りなど、社会で役立つ学問の基礎を指導します。

詳しい内容、パンフレット、募集要項のお申し込みは下記まで。

幸福の科学学園 関西中学校・高等学校

〒520-0248
滋賀県大津市仰木の里東2-16-1
TEL.077-573-7774
FAX.077-573-7775
[公式サイト]
www.kansai.happy-science.ac.jp
[お問い合わせ]
info-kansai@happy-science.ac.jp

幸福の科学学園 中学校・高等学校

〒329-3434
栃木県那須郡那須町梁瀬 487-1
TEL.0287-75-7777
FAX.0287-75-7779
[公式サイト]
www.happy-science.ac.jp
[お問い合わせ]
info-js@happy-science.ac.jp

仏法真理塾

サクセスNo.1

未来の菩薩を育て、仏国土ユートピアを目指す！

仏法真理塾「サクセスNo.1」とは

宗教法人幸福の科学による信仰教育の機関です。信仰教育・徳育にウエイトを置きつつ、将来、社会人として活躍するための学力養成にも力を注いでいます。

サクセスNo.1 東京本校（戸越精舎内）

「サクセスNo.1」のねらいには、「仏法真理と子どもの教育面での成長とを一体化させる」ということが根本にあるのです。

大川隆法総裁　御法話「『サクセスNo.1』の精神」より

仏法真理塾「サクセスNo.1」の教育について

信仰教育が育む健全な心

御法話拝聴や祈願、経典の学習会などを通して、仏の子としての「正しい心」を学びます。

学業修行で学力を伸ばす

忍耐力や集中力、克己心を磨き、努力によって道を拓く喜びを体得します。

法友との交流で友情を築く

塾生同士の交流も活発です。お互いに信仰の価値観を共有するなかで、深い友情が育まれます。

●サクセスNo.1は全国に、本校・拠点・支部校を展開しています。

東京本校	TEL.03-5750-0747	FAX.03-5750-0737
名古屋本校	TEL.052-930-6389	FAX.052-930-6390
大阪本校	TEL.06-6271-7787	FAX.06-6271-7831
京滋本校	TEL.075-694-1777	FAX.075-661-8864
神戸本校	TEL.078-381-6227	FAX.078-381-6228
西東京本校	TEL.042-643-0722	FAX.042-643-0723
札幌本校	TEL.011-768-7734	FAX.011-768-7738
福岡本校	TEL.092-732-7200	FAX.092-732-7110
宇都宮本校	TEL.028-611-4780	FAX.028-611-4781
高松本校	TEL.087-811-2775	FAX.087-821-9177
沖縄本校	TEL.098-917-0472	FAX.098-917-0473
広島拠点	TEL.090-4913-7771	FAX.082-533-7733
岡山本校	TEL.086-207-2070	FAX.086-207-2033
北陸拠点	TEL.080-3460-3754	FAX.076-464-1341
大宮拠点	TEL.048-778-9047	FAX.048-778-9047

全国支部校のお問い合わせは、
サクセスNo.1 東京本校（TEL. 03-5750-0747）まで。

メール info@success.irh.jp

エンゼルプランV

信仰教育をベースに、知育や創造活動も行っています。

信仰に基づいて、幼児の心を豊かに育む情操教育を行っています。また、知育や創造活動を通して、ひとりひとりの子どもの個性を大切に伸ばします。お母さんたちの心の交流の場ともなっています。

TEL 03-5750-0757　FAX 03-5750-0767
メール angel-plan-v@kofuku-no-kagaku.or.jp

ネバー・マインド

不登校の子どもたちを支援するスクール。

「ネバー・マインド」とは、幸福の科学グループの不登校児支援スクールです。「信仰教育」と「学業支援」「体力増強」を柱に、合宿をはじめとするさまざまなプログラムで、再登校へのチャレンジと、進路先の受験対策指導、生活リズムの改善、心の通う仲間づくりを応援します。

TEL 03-5750-1741　FAX 03-5750-0734
メール nevermind@happy-science.org

ユー・アー・エンゼル!（あなたは天使!）運動

障害児の不安や悩みに取り組み、ご両親を励まし、勇気づける、障害児支援のボランティア運動です。学生や経験豊富なボランティアを中心に、全国各地で、障害児向けの信仰教育を行っています。保護者向けには、交流会や、医療者・特別支援教育者による勉強会、メール相談を行っています。

TEL 03-5750-1741　FAX 03-5750-0734
メール you-are-angel@happy-science.org

シニア・プラン21

生涯反省で人生を再生・新生し、希望に満ちた生涯現役人生を生きる仏法真理道場です。週1回、開催される研修には、年齢を問わず、多くの方が参加しています。現在、全国8カ所（東京、名古屋、大阪、福岡、新潟、仙台、札幌、千葉）で開校中です。

東京校 TEL 03-6384-0778　FAX 03-6384-0779
メール senior-plan@kofuku-no-kagaku.or.jp

入会のご案内

あなたも、幸福の科学に集い、
ほんとうの幸福を
見つけてみませんか？

幸福の科学では、大川隆法総裁が説く仏法真理をもとに、
「どうすれば幸福になれるのか、また、
他の人を幸福にできるのか」を学び、実践しています。

入会

大川隆法総裁の教えを信じ、学ぼうとする方なら、どなたでも入会できます。入会された方には、『入会版「正心法語」』が授与されます。（入会の奉納は1,000円目安です）

ネットでも**入会**
できます。詳しくは、
下記URLへ。
happy-science.jp/joinus

三帰《さんき》誓願《せいがん》

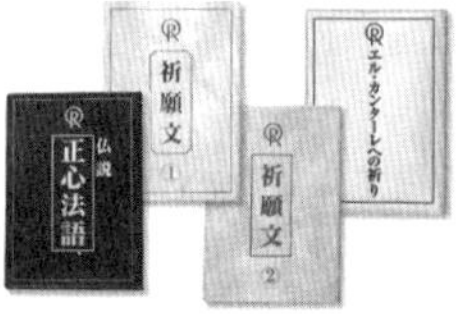

仏弟子としてさらに信仰を深めたい方は、仏・法・僧の三宝への帰依を誓う「三帰誓願式」を受けることができます。三帰誓願者には、『仏説・正心法語』『祈願文①』『祈願文②』『エル・カンターレへの祈り』が授与されます。

植福《しょくふく》の会

植福は、ユートピア建設のために、自分の富を差し出す尊い布施の行為です。布施の機会として、毎月1口1,000円からお申込みいただける、「植福の会」がございます。

「植福の会」に参加された方のうちご希望の方には、幸福の科学の小冊子（毎月1回）をお送りいたします。
詳しくは、下記の電話番号までお問い合わせください。

月刊
「幸福の科学」

ザ・伝道

ヤング・ブッダ

ヘルメス・
エンゼルズ

INFORMATION	**幸福の科学サービスセンター** **TEL. 03-5793-1727**（受付時間 火～金：10～20時／土・日：10～18時） 宗教法人 幸福の科学 公式サイト **happy-science.jp**